위대한 행동이라는 것은 없다.
위대한 사랑으로 행한 작은 행동들이 있을 뿐이다.

테레사 수녀

지금이야말로 일할 때다. 지금이야말로 싸울 때다.
지금이야말로 나를 더 훌륭한 사람으로 만들 때다.
오늘 그것을 못하면 내일 그것을 하지 못한다.

토마스 아켐피스

희망과 근심, 공포와 불안 가운데 그대 앞에 빛나고 있는 하루하루를
마지막이라고 생각하라. 그러면 예측할 수 없는 시간은
그대에게 더 많은 시간을 줄 것이다.

호레스

우리 모두는 삶의 중요한 순간에 타인이 우리에게 베풀어준 것으로 인해
정신적으로 건강하게 살아갈 수 있다.
앨버트 슈바이처

하버드 100년 전통
감성 수업

하버드 100년 전통 감성 수업

펴낸날 2024년 2월 21일 1판 1쇄

지은이 쉬셴장
옮긴이 하정희
펴낸이 이종일, 강유균
편집위원 이라야, 남은영
기획·홍보 김아름, 김혜림
교정·교열 이교숙, 정아영, 나지원
경영지원 이안순
디자인 바이텍스트
마케팅 신용천

펴낸곳 리드리드출판(주)
출판등록 1978년 5월 15일(제 13-19호)
주소 경기도 고양시 덕양구 청초로 66 덕은리버워크지산 B동 2007~2009호
전화 (02)719-1424
팩스 (02)719-1404
이메일 genie3261@naver.com

ISBN 978-89-7277-391-7 (03190)

* 파본은 구입한 서점에서 교환해 드립니다.
* 책값은 뒤표지에 있습니다.

하버드는 왜 감성에 주목하는가

하버드 100년 전통
감성 수업

쉬셴장 지음 | 하정희 옮김

성공에서 감성지수는 지능지수보다 몇 배는 더 중요하다

탁월한 감성지수가 인생의 성공을 부른다!

리드리드출판

우리의 삶을 바꾸는 열쇠는 '감성'에 있다

하버드 학생들이 문턱이 닳도록 드나드는 곳이 있다. 바로 '심리센터'다.

세계 최고의 두뇌들이 학습센터를 찾지 않고 심리센터를 찾는 이유는 무엇일까? 여러분은 공부로 인한 스트레스, 중압감, 압박감, 심리불안 등을 떠올리겠지만 아쉽게도 정답은 아니다. 물론 어느 정도는 맞다. 똑똑한 동기들과 경쟁해야 하니 공부에 대한 심리적 부담감은 직접 말하지 않아도 알 수 있다.

그런데 그들이 심리센터를 찾아 토로하는 내용은 '공감'과 '유대' 그리고 '자존감'과 '행복' 등에 관한 것이라고 한다. 학업과 직접 관련은없지만 '감성'의 중요성을 알기 때문이다. 그들은 감성이 현재 직면한 문제를 뚫고 나갈 수 있고, 미래를 설계할 토대를 마련해준다고 믿는다. 실제로 감성지수가 높은 사람이 사회에서 성공한다는 연구 결과가 발표되었다. 그뿐 아니라, 감성지수가 낮은 사람은 사회적응력이 훨씬 떨어진다는 실험결과도 있다. 그만큼 감성이 우리의 사회생활에 끼치는 영향력은 크다. 그래서 하버드 학생들은 뛰어난 지능지수가 제대로 발휘될 수 있도록 감성을 키워내고 싶은 것이다.

그런데 사람들은 지능지수intelligence quotient, IQ에 더 민감하다. 지능지수의 수치에 따라 똑똑한 머리와 둔한 머리를 판가름한다. 지능지수가 높을수록 성공한다고 믿기 때문에 두뇌 계발에 힘쓴다. 반면 감성지수는 타고나 성격이나 성향 등 유전적 요인으로 치부한다. 선천적으로 감수성이 예민한 사람이 있고, 감성에 둔감한 사람이 있다는 것이다. 애쓴다고 해서 길러지는 감성이 아니라고 믿는다. 감성에 대한 대단한 각오다. 감성은 개인의 노력에 따라 계발할 수 있다. 발전시킬 수도 있다. 후천적 노력으로 감성을 향상시킬 수 있다. 바로 그 점이 감성의 매력이다.

'감성지수Emotion Quotient, EQ'는 인간의 정신작용을 정서적으로 파악한 지수이다. 자신은 물론 다른 사람의 감정을 이해하는 능력과 자기 삶을 풍요롭게 할 줄 아는 능력을 통합한다. 예를 들어 자신의 기분을 자각하고 결단을 내릴 수 있는 능력, 충동을 자제하고 불안이나 분노와 같은 스트레스의 원인을 제어할 수 있는 능력, 좌절하지 않고 자기 자신을 격려할 수 있는 능력, 타인의 감정에 공감하는 능력, 조화를 유지하고 협력할 수 있는 능력 등이다.

나열된 능력들을 세심하게 들여다보면 감성이 우리 인생에 얼마나 중요한 요소인지 알 수 있다. 그러나 책만으로 학습할 수 없고 석학의 강의로도 해결되지 않는다. 감성지수는 우리가 사는 과정에서 직면하는 문제를 해결하는 과정에서 키워진다. 현명하게 대처하는 방법을 경험하고 깊어진 사고를 통해 자신의 감성을 성장시키는 것이다. 하버드의 학생들이 자신의 문제를 가지고 심리센터를 찾는 이유 또한 여기에 있다.

이 책은 하버드 심리센터에서 상담을 받듯 '감성을 키우는 방법'을 제시해놓았다. 실제 사례를 통해 감성지수가 가진 영향력을 만날 수 있다. 타당한 이유를 가지고 부딪치는 현실에서 응용할 수 있도록 구성했다. 자존감을 세우는 감성, 타인의 비판이나 인간관계에서 오는 실망을 극복하는 방법, 불안과 두려움의 원인과 그것에서 벗어날 수 있는 통로를 제시한다. 더불어 직장과 자신이 속한 집단에서 발휘되는 감성으로 신뢰를 얻는 비법도 담았다.

감성지수가 높은 사람은 갈등 상황을 만났을 때 그 상황을 분석하고 자신의 처지를 정확하게 인식한다. 자신이 대응할 수 있는 감성을 적절하게 발휘해 문제를 해결하고 신뢰를 얻는다. 감정적 대응을 자제함과 동시에 다른 사람에 대한 공감과 이해를 끌어내는 것이다. 자기 감성을 적확하게 숙지하기에 가능한 일이다.

우리도 그렇게 할 수 있다. 그동안 선천적으로 타고났기 때문에 어쩔 수 없다고 생각했던 감성지수를 높여보자. 자존감을 높이면서 타인을 존중할 때 감성의 위상이 드러난다. 자신의 감정을 이해하고 통제하면 이제까지 불가능했던 일도 가능해진다. 그동안 심리센터를 찾으며 감성을 코칭받았던 하버드졸업생의 성공담이 이를 뒷받침해준다.

이제 감성의 위력을 경험하고 싶다면 이 책을 펼쳐라. 마지막 책장을 덮을 때 가슴에서 솟아오르는 충만한 감성을 받아들여라. 당신 삶이 풍요로워질 것이다.

쉬셴장

차례

Part 3
사교에 감성을 가미하라

Part 4
감정의 주인이 되자

Part 5
감성지수와 신뢰는 비례한다

Part 6
감정이 감성을 증폭시킨다

Part 7
감성은 능력에 날개를 달아준다

Part 8
감성지수가 슬기로움을 더해준다

나 자신의 삶은 물론 다른 사람의 삶을 삶답게 만들기 위해
끊임없이 정성을 다하고 마음을 다하는 것처럼 아름다운 것은 없다.

톨스토이

PART 1

감성지수의 베일을 벗겨라

Harvard's 100-Year
Traditional Emotion Class

✦ ✦ ✦

감성지수는 감성적 지능지수를 말한다. 정서적인 능력과 시시각각 변하는 감정이 그 범위 안에 들어간다. 꾸준함과 의지, 인내와 직관, 좌절하지 않는 능력과 협동 정신 같은 것이다. 자신을 통제하는 제어력과 더불어 자기에 대한 이해능력까지 포함한다. 그래서 감성지수는 정서지수, 마음의 지능지수라고 불린다.

두 얼굴의 감성과 마주하라

인간 심리의 밑바탕이 되는 감성지수 개념은 1990년 예일대학의 샐로베이와 뉴햄프셔대학의 존 메이어 두 심리학 교수에 의해 이론화되었다. 그 후 하버드대학 겸임교수이자 '뉴욕타임스'의 칼럼니스트 다니엘 골먼이 감성리더십 개념을 만들었다. 그는 "지능지수보다 감성지수가 중요하며, 감성지수는 학습을 통해 계발할 수 있다."라고 했다. 이제까지의 교육 패러다임을 바꾸는 혁신적인 성과였다.

이를 증명하듯 미국 통신회사 AT&T의 한 책임자는 감성지수에 관한 이론을 활용해 직원들을 분석했다. 그 결과 업무실적이 좋은 직원들은 정서적 신호에 반응했다. 타인의 감정을 잘 파악하고, 자기감정을 조절해 목표를 이루었다. 지능지수가 높지만 사회적 교류

능력이 떨어지는 사람보다 감성지수가 높은 사람이 성공한다는 의미이다. 그들의 성과는 높은 감성지수로 자기감정을 절제하고 타인을 포용할 줄 알기에 가능했다. 배려하는 처세능력으로 인간관계의 신뢰성까지 높인 결과다.

30대 남자가 프랑스 몽바르 다리 위에서 몸을 던졌다. 그는 3년 전 스탠퍼드대학 박사 학위를 취득한 인재로 이름은 '이든'이었다. 그는 왜 자살이라는 비극적인 결말을 선택했을까.

기자들이 그의 죽음을 추적했다. 이든은 박사 수료 후 기업에서 3년 동안 근무했다. 사장과 동료들의 증언에 따르면 이든은 업무 외에는 사람들과 전혀 교류하지 않았다고 한다. 모두 그를 괴팍하고 냉담한 사람으로 기억했다. 그의 직책은 일반 관리자였고, 자기 직책에 만족스러워하지 않았다. 자기 실력에 비해 턱없이 낮은 보수와 직위라는 것이었다. 기자들은 '높은 자존감에 비해 매우 낮았던 감성지수를 가졌던 탓'이라고 죽음의 원인을 밝혔다.

아쉽지만 우리가 끈질기게 매달렸던 우수한 학업성적은 성공으로 직결되지 않는다. 그것보다는 '자신과 타인의 감정을 다루는 능력'이 수반되어야 한다. 자기관리와 대인관계의 조율에 따라 성공 여부가 좌우된다.

감성지수가 높은 사람은 자신과 타인의 감정을 정확하게 판단한다. 이를 근거로 자신의 말과 행동을 조절하기 때문에 어디서나 환영받는다. 반대로 감성지수가 낮은 사람은 감정을 인지하지 못해 함정에 빠진다. 현실의 벽에 자주 부딪히고 계속 좌절한다, 감정이 극에 달해 정신까지 완전히 망가뜨리고 적개심과 보복심으로 사회를 망가뜨리기도 한다. 최악의 경우에는 스스로 목숨을 끊는다.

개인을 넘어 사회에서도 감성지수는 중요한 요소이다. 감성지수가 자신을 자세히 알게 하고, 자신을 격려하도록 도와주기 때문이다. 부정적인 감정이 당신을 지배하도록 두면 안 된다. 물론 긍정적인 요소에만 의존해도 성공할 수 없다. 부정적인 감성도 꼭 필요하다. 고통, 걱정, 분노, 두려움은 심적으로 초조와 불안을 불러일으킨다. 그로 인해 안전을 지향하고 꼼꼼함을 추구하게 된다. 부정적인 감정이라도 편안하게 마주하는 법을 배워보자. 자신의 감성을 부정적인 요소가 방해하지 못하도록 할 때 성공으로 나아갈 수 있다.

◆ 하버드 심리센터 감성 코칭

우리 감정에는 긍정적 요소와 부정적 요소 두 가지가 존재한다. 긍정적인 요소는 삶의 즐거움을 주고 성공에 도움을 준다. 하지만 부정적인 요소도 삶에서 피해 갈 수 없는 감정이다. 부정적 감정을 회피하지 말자. 묵살도 하지 말자. 초연하게 받아들이는 연습으로 감성지수를 높이자.

사람들은 지능지수의 수치에 예민하다. 하지만 지능지수보다 감성지수가 높을 때 성공할 확률이 높다. 자신의 감성지수를 분석하고 감성지수 향상에 힘쓰자. 영어단어 하나 외우는 것보다 당신의 미래에 도움이 된다.

1. 자신의 감성지수 일지를 작성해보자.
2. 자신에게 있는 긍정적 감성을 나열해보자.
3. 자신에게 있는 부정적 감성을 나열해보자.

생각대로 인생이 조각된다

미국의 사상가 겸 시인 에머슨은 "온종일 품고 있는 생각이 바로 자신이다."라고 말했다. 무엇을 생각하느냐에 따라 자신이 어떤 사람인지를 결정된다고 한다. 생각은 시간에 따라 환경에 따라 시시각각 변하는 특징이 있다. 때로는 우리가 원하는 모습이지만 때로는 원하지 않는 모습으로 일상을 다듬고 깎아낸다.

어느 여배우는 "저는 어렸을 때 덧니가 있는 친구들을 부러워했어요. 하루도 빼놓지 않고 거울을 보며 저에게도 덧니를 달라고 소원을 빌었지요. 어느 날 저에게도 덧니 하나가 생겨났어요. 그런데 생각과 달리 덧니 난 내 모습이 너무 못나 보여, 치과에 가서 뽑아버렸답니다."라고 말했다.

또 다른 여성은 "저는 어려서부터 성씨가 스미스인 남자, 나보다 어린 남자, 그릇 닦는 직업을 가진 남자와 결혼하지 않을 거라 맹세했어요. 그런데 지금의 남편은 세 가지 모두에 해당하는 남자랍니다."

우리가 일어났으면 좋겠다고 생각한 일은 일어나지 않고 일어나지 않았으면 좋겠다고 생각한 일들은 일어난다. 어떤 힘이 내 인생을 조종하고 있는 것 같다. 이상한 힘의 정체는 알 수 없다.

"당신이 무언가를 강렬히 소망하면 세상은 당신의 소리에 귀 기울일 것이다."라는 말이 있다. 하지만 세상은 당신의 소리에 귀 기울여주지 않는다. 간절한 바람에 귀 기울인 자는 바로 자신뿐이다. 자기 인생을 조정하는 그 미스터리한 힘의 원천이 자신인 셈이다.

"자주 생각하는 만큼 그것으로도 이끄는 힘은 커진다."라는 이 말은 생각의 기본 원칙이다. 어떤 일을 자주 생각하면 현실에서 이루어진다는 뜻이다. 현실에서 어떤 일이 일어나지 않는다면 생각 자체를 안 해야 한다. 생각을 거부할수록 생각이 그 일에 치우치게 되기 때문이다. 그렇게 되면 이미 당신은 그 일을 향해 발을 내딛는 것과 같다.

판도라에게 "그 상자를 열지 마시오."라고 했을 때 그는 상자를 열어버렸다. 옳지 않다는 걸 알면서도 생각의 충동을 현실화시킨 것이다. '절대 상자를 열면 안 돼.'라고 다짐했을 때, 머릿속에는 상자를 열고 있는 장면이 펼쳐진다. 머리에서 안 된다고 외쳐댈수록 욕구가 강렬해지기 때문이다.

우리 심리도 판도라와 같다. '그 일은 반드시 잊어버리겠어.'라고 생각해본 경험이 있는가? 그 결과는 어땠는가? 잊기로 마음먹었던 일은 쉴 새 없이 당신의 머릿속을 둥둥 떠다녔을 것이다. 잊어버리겠다는 수없는 다짐은 반대로 그 일을 더욱 선명하게 기억하게 만든다. 그러므로 당신이 꼭 기억하고 싶은 일이 있다면 '나는 이 일을 꼭 기억할 거야.'라는 생각보다 '나는 이 일을 꼭 잊어버릴 거야.'라고 생각하는 것이 더 효과적이다.

생각에는 힘이 있다. 당신이 상상한 장면과 방향을 따라가도록 친절히 안내한다. 앞서 덧니가 자란 예시처럼 당신의 몸은 생각에 지배된다. 상상하거나 떠올린 장면이 있다면 "장면대로 해."라고 신호를 보낸다. 생각이 몸을 작동시키고 인생을 조정하게 된다. 이 원리를 이해하면 당신이 원하는 일을 이루는 데 활용할 수 있다.

예를 들어 당신의 아이가 세상이 떠나가라 시끄럽게 군다면 아이에게 "시끄러워."라고 말하는 대신 "조용히 하렴."이라고 말해보자. 그러면 아이는 곧 조용히 할 것이다. 아이에게 긍정적인 장면을 주입한 효과다. 긍정적인 언어는 부정적 상황을 개선하는 힘이 있다.

당신이 한 기업에 갓 입사한 신입사원이라고 가정해보자. 출근 첫날부터 많은 실수를 저질렀다. 당신은 속으로 '절대 실수하지 말자.'라고 다짐한다. 하지만 안타깝게도 현실은 다짐과는 반대로 실수투성이의 하루를 보내거나 실수로 만신창이가 된다. 이럴 땐 '열심히 해서 꼭 해내자!'라고 되뇌는 것이 올바른 생각 사용법이다.

우리가 성취하고자 하는 일에 긍정적 자기 암시를 주어야 한다. 머릿속에 긍정적인 장면을 그리면 당신은 행동에 변화가 온다. 감정이 당신의 행동을 부추기고 돕는 것이다.

감성지수가 높은 사람은 일을 순조롭게 진행하고 자기 생각을 적재적소에 활용한다. 설령 생각의 작동 방법을 명확하게 이해하지 못했다고 하더라도 그들은 낙관적인 태도로 생각을 작동시킨다. 자신을 이상적인 곳까지 끌어 올리려 노력한다. 이것이 생각의 진짜 힘이다.

지금부터라도 생각하는 법을 학습해 감성지수를 높여보자. 생각을 바꾸면 변화하는 자신을 발견할 수 있을 것이다.

◆ 하버드 심리센터 감성 코칭

"꿈은 이루어진다."라는 말은 그만큼 꿈에 대해 생각을 많이 한다는 뜻이다. 이루어진다는 믿음을 갖고 노력한다는 의미이다. 간절히 원하는 일이 있다면 '안 될 거야!'라는 부정적인 생각을 '될 거야!'라는 긍정적인 생각으로 바꿔라. 무엇을 어떻게 생각하느냐에 따라 결과가 달라진다. 생각의 전환만으로 가능한데 망설일 이유가 무엇인가.

1. 요즘 자꾸 떠오르는 부정적 생각을 써보자.
2. 그 문장을 긍정적 문장으로 바꿔본다.
3. 인생을 걸고 꼭 이루고 싶은 일을 써본다.

잠재의식에 긍정의 자기 암시를 심어라

생각은 운명을 바꾼다. 생각은 감성지수의 수준으로 결정된다. 따라서 감성지수에 의해 운명이 달라진다. 이유는 간단하다. 감성지수가 높은 사람은 자기 암시에서 긍정적인 부분이 우위를 점한다. 반대로 감성지수가 낮은 사람은 부정적인 부분이 우위를 점한다. 어떤 감성이 우위를 점하고 있느냐에 따라 생각이 달라지고 인생이 변화하게 된다.

즐겁다고 생각하면 즐겁다. 슬픈 일을 떠올리면 슬프다. 두려운 상황을 떠올리면 두려워지고, 실패의 경우를 떠올리면 실패한다. 나쁜 생각은 초조와 불안을 몰고 온다. 이런 자기 암시가 생각의 효과를 방출한다. 생각이 능동적인 방식으로 개인의 사고와 감정을 자극하는 것이다.

생각은 잠재의식과 연결된다. 당신이 원하는 일을 이루기 위해 무엇을 주의해야 하는지 무엇을 추구해야 하는지 알려준다. 무엇에 힘쓰고 어떻게 행동해야 하는지도 일깨워준다. 생각의 계시이자 지령이다. 자기 암시와 잠재의식에 따라 생각의 근원이 형성된다. 그래서 심리상태가 운명을 결정한다는 말은 곧 자기 암시가 행동을 결정한다는 의미가 된다.

하버드 사회학자들이 초등학교 두 곳의 6학년 학생을 대상으로 연구를 진행했다.

A조는 학업 태도가 불량하고 말썽을 부리는 아이들이다. 품행이 불량한 아이들은 어려운 상황에 부딪혔을 때 자신이 사고를 칠 것으로 예측했다. 그들은 다른 사람들보다 자신이 부족하고 가정형편도 좋지 않다는 점을 인정했다. 반면 B조는 학업 태도가 우수하고 성적이 우수한 학생들이다. 그들은 학업에서 자신이 성공한다고 믿었으며 그 과정에서 어려움을 겪지 않을 것이라고 확신했다.

이후 5년 동안 추적조사를 한 결과는 예상대로였다. 품행이 우수한 아이들은 계속 위로 나아갔고 품행이 불량한 아이들은 종종 문제를 일으켰다. 그중에는 소년법원에 불려간 아이도 더러 있었다. 연구 결과 자아의식과 자아 평가는 자신의 발전을 좌우하는 것으로 밝혀졌다. 부정적인 자아의식은 불량한 태도를 불러온다. '변변치 않다', '쓸모없다', 심지어 '범죄적 성향이 다분하다'라는 말을 들은 아이들은 자신도 모르는 사이에 그런 사람으로 자신을 인식했다. 이러한 의식이 장기간 지속되면 부정적 잠재의식이 내면에 형성된다. 그에 맞춰 생활습관까지 길들여진다.

하버드 심리센터 연구원들은 잘못된 자아의식의 '좁은 골목'을 벗어나야 한다고 했다. 좁은 골목에서 숨 돌릴 새 없이 바쁘게 생활하는 사람들이 우연한 기회에 부유한 생활을 해도 난관에 부딪히면 좁은 골목에서 생활하던 상태로 다시 돌아간다고 한다. 기존에 형성된 사고방식으로 생각하고 문제를 대하는 것이다. 불리한 처지에 있을 때 형성된 편협한 사고가 개방적인 사고를 방해한다.

당신이 '좁은 골목'의 지배에서 벗어나 더 큰 성과를 얻고 싶다면, 부정적인 자기 암시를 긍정적으로 대체해야 한다. 어떠한 상황에서도 긍정적인 자기 암시를 자주 사용하고 장기간 유지하면 된다. 비유하자면 잠재의식은 비옥한 땅이다. 씨앗을 뿌리는 매개체는 자기 암시이다. 땅이 비옥해도 좋은 씨앗을 뿌리지 않으면 황폐해지고 잡초만 우거진다. 자기 인생이 만족스럽지 않다면 긍정적인 자기 암시를 장기간 유지해야 한다. 성공의 씨앗과 창의적인 사고를 잠재의식에 뿌리는 것이다. 이로써 눈부시게 아름다운 꽃을 피울 수 있다. 당신이 꿈꾸는 성공의 열매가 열리는 비법이다.

◆ 하버드 심리센터 감성 코칭

거울을 보며 생각에 따라 표정이 달라지는 것을 감상해보자. 아주 즐거웠던 순간을 떠올리고 웃으면 얼굴 근육이 올라간다. 마음이 가벼워지고 기분은 좋아진다. 반대로 아주 짜증나는 순간이나 인물을 떠올리면 인상이 찌푸려진다. 기분을 어떻게 유지하느냐에 따라 당신의 생활이 좌우된다는 사실을 확인할 수 있다. 이로써 당신이 선택할 기분은 이미 정해졌다. 좋음. 아주 좋음.

1. 당신이 들었던 가장 긍정적인 말을 떠올리자.
2. 긍정적 말이 불러온 것들로 마인드맵을 만들어라.
3. 당신이 다른 사람에게 해 줄 긍정적인 말을 적어라.

감성지수의 위력을 의심하지 마라

감성지수가 높은 사람이 각 영역에서 우위를 차지한다는 사실은 수많은 사례를 통해 밝혀졌다. 감성지수가 지능지수의 발휘 여부를 결정하고 인생의 성취에까지 관여하기 때문이다.

감성지수가 높은 사람은 훨씬 효율적으로 산다. 지능을 잘 운용해서 쉽게 만족하고 더 큰 성과를 얻는다. 반대로 자기감정을 잘 다스리지 못하는 사람은 심리충돌 때문에 집중해야 할 업무에서 발휘할 수 있는 능력을 스스로 떨어뜨린다. 하버드 심리센터 연구원의 말처럼 사회에서 어떤 위치를 차지하는지는 절대적으로 비非 지능적 요소인 감성지수에 달렸다. 흔히 말하는 성취나 성공은 20%의 지능지수와 80%의 감성지수의 영향을 받는다. 절대적인 비례율은 아니지만 상당히 신빙성 있는 결과다.

아인슈타인은 “나의 약점은 지능이 부족하다는 것일세. 특히 단어와 본문을 기억하는 게 어렵다네.”라고 친구에게 고백했으며, 다윈의 어릴 때 일기를 보면 “선생님과 부모님은 내가 특출한 것 없이 평범하고 지능도 보통 사람들보다 낮다고 했다.”라고 적혀 있다.

하버드 심리센터 연구원은 전 세계 500개 기업, 정부 기관, 비영리조직을 분석했다. 그 결과 성공한 사람은 업무 능력 외에 탁월한 감성지수를 가진 것으로 조사됐다. 감성지수의 차이가 리더십과 정치의식, 자신감과 성취동기를 만들어냈다. 이를 아는 마이크로소프트사는 인재를 모집할 때 감성지수를 테스트한다. 회사와 개인을 발전을 도모하기 위한 목적이다. 아래의 예시로 당신도 마이크로소프트의 일원이 될 수 있는지 테스트해보자.

“폭풍우가 내리는 밤, 당신은 차를 몰고 있다. 버스 정류장에는 세 사람이 초조하게 버스를 기다리고 있었다. 첫 번째 사람은 중병을 앓고 있는 생명이 위급한 노인이다. 두 번째 사람은 당신의 목숨을 살려준 적 있는 의사이다. 세 번째 사람은 당신이 꿈에 그리던 이상형으로 그 사람을 놓치면 앞으로는 기회가 없어질 수도 있다.”

당신의 차에는 한 사람만 태울 수 있다면 당신은 어떤 선택을 할 것인가? 감성지수가 높은 사람에게는 이 문제가 상당히 쉽지만 감성지수가 낮은 사람은 갈등에 빠진다. 사회적 책임과 도덕적 책임은 당신에게 노인을 반드시 살려야 한다고 말할 것이다. 양심은 당신에게 목숨을 구해준 은인을 못 본 체할 수 없다고 말한다. 감정은 평생 찾지 못할 연인이니 좋은 기회를 날리면 안 된다고 부추긴다. 당신은 어떤 선택을 할 것인가?

당연히 노인을 태운다고? 은혜는 나중에도 보답할 수 있고 감정에 치우치는 것보다 목숨을 구하는 것이 낫다는 판단이다. 물론 이 선택이 나쁘지는 않다. 하지만 감성지수가 높은 사람은 다른 선택을 한다. 일단 차에서 내려 의사가 차를 운전해 노인을 병원으로 데려가게 한다. 남겨진 당신은 꿈에 그리던 이상형과 빗속에서 데이트를 하는 것이다.

얼마나 멋진 결과인가. 사고방식을 조금만 바꾸면 당신의 세계를 한없이 넓힐 수 있다. 성공한 기업은 개방적 사고방식을 가진 사람을 필요로 한다. 모든 문제에 답은 딱 하나만 있는 게 아니다. 스스로 진퇴양난에 빠지지 말고 더 좋은 해결방법을 찾아야 한다. 쉽게 막다른 골목에 갇히는 사람의 미래는 절대 밝지 않다.

지금부터 사고방식을 바꾸는 연습을 해보자. 성공적인 삶을 살기 위해 삶의 급커브를 틀 수 있는 지혜가 필요하다. 실패의 벽에 부딪혔다면 일단 멈춰라. 과감히 부딪힐 용기와 부딪혀서 벽을 부술 능력이 있다고 해도 막무가내로 덤비지 마라. 벽에 부딪히지 않고도 문제를 해결할 방법이 있다면 그것을 선택하는 것이 옳다. 왜 그것을 고려하지 않는가. 끝까지 부딪혀봤자 다치는 쪽은 당신이다.

◆ 하버드 심리센터 감성 코칭

지능지수는 감성지수와 손을 잡아야 실력이 제대로 발휘된다. 감성지수의 조력이 따를 때 지능지수 능력이 배가 된다. 감성지수는 한 사람의 운명에 결정적인 역할을 하는 요소다. 풍부한 지식을 지닌 사람은 뛰어난 사람이 될 수 있다. 하지만 자신의 감정을 잘 조절하는 사람은 무한한 성공의 기회를 얻을 수 있다. 일상생활에서는 감성지수의 위력이 더 강하다.

1. 당신의 선택이 잘못되었던 순간들을 적어보자.
2. 그 선택이 가져온 결과는 무엇인가.
3. 무모했던 도전을 떠올리고, 무모했던 이유를 점검해보자.

감정의 흐름을 알면 통제가 가능하다

기분, 격정, 스트레스, 표현 등 정서적 반응은 다양하다.

기분

기분은 심정의 상태를 말한다. 일상생활에 직접 영향을 주며 정신 상태에도 매우 큰 영향을 끼친다. 기분은 심리상태를 일정 시간 동안 지배하지만 명확하게 알아채기 힘들 때도 있다. 그래서 기분이 나쁠 때 "왜 그런지 모르겠어. 며칠 계속 짜증이 나."라는 식으로 반응한다. 이때는 어떤 일을 해도 내키지 않는다. 반면 기분이 아주 좋을 때는 만사가 뜻대로 되는 듯한 느낌이다. 결과적으로 우리의 행동은 기분의 지배를 많이 받는다.

기분은 주도적인 위치에 있는 감정으로 결정된다. 항상 생기발랄하고, 웃고 있는 사람은 유쾌한 기분이 주도적인 위치를 차지한다. 얼굴에 수심이 꽉 차 있는 사람은 우울한 기분이 주도적인 지위를 차지하고 있다는 증거다.

격 정

격정은 짧은 시간 내에 맹렬한 속도로 심신을 강한 흥분에 가둔다. 예를 들어 광희狂喜나 극도의 흥분, 격노, 비통함, 두려움, 절망 등은 모두 격정의 구체적인 행동이다. 피질하신경중추가 우위를 차지해 자기 통제 능력을 마비시키는 것이다. '의식 편협' 현상이 일어나면 평소와는 매우 다른 행동을 보인다.

격정은 성질에 따라 다른 영향을 미친다. 긍정적인 격정은 심신의 거대한 잠재력을 불러일으킨다. 수많은 창조적인 예술 작품이 바로 격정에서 탄생했다. 부정적인 격정은 사람을 충동적으로 변화시킨다. 기운을 소멸시키고 심하면 이성을 잃게 만든다. 심신을 위험한 지경에 빠트릴 수 있다. 감정이 격정에 이르기 전에 조절하자. 격정도 통제가 가능하다.

스트레스

스트레스는 특수 상황의 심리상태다. 사람은 예상치 못한 상황에 직면하면 고도의 긴장감을 느낀다. 예를 들어 가족의 사망이나 불의의 사고 등은 극심한 스트레스를 유발한다. 스트레스를 받으면 우리 신체에 급격한 변화가 일어난다. 스트레스 상태에서는 신경 내분비계가 긴급하게 생리적 생화학적 과정을 강화한다. 에너지 방출을 촉진함으로써 유기체의 활동 효율과 적응력을 높인다. 그러나 장기적인 스트레스는 과도한 에너지 소모를 불러일으켜 질병을 유발하고 사망에 이르게 한다.

스트레스는 유익하면서도 유해하다. 적당한 스트레스는 다급할 때 좋은 생각이 떠오르게 한다. 반면에 과도한 스트레스는 의식 활동을 억제하며 착오나 기억의 오류를 불러온다. 그뿐만 아니라 주의력과 지각 범위를 좁히기도 한다. 미국 뉴욕대학의 신경학자는 생리적 해석을 통해 지능이 개입하기 전에, 감정을 자극해 행동을 유도하는 대뇌의 '단락'을 발견했다. 감정조절이 힘들고 감정기복이 생길 때 이런 '단락'과 충동적 감정이 형성된다고 한다.

예를 들어 어떤 사람이 숲을 걷고 있다. 그는 곁눈질로 길고 구부러진 물건을 발견했다. 머릿속에 뱀을 떠올린 그는 무의식적으로 바위 위로 뛰어 올라갔다. 최초의 이 반응이 대뇌의 감정반응과 지능반응의 '단락'이다. 갑작스럽고 예상치 못한 스트레스 상황에서 뇌의 감정과 지능에 '단락'이 나타나는 것은 정상적이다. 하지만 이성에 큰 타격을 주어 심적 부담을 느끼게 된다. 스트레스 상태에서 무조건 반사처럼 튀어나오는 행동은 반드시 자제해야 한다. 의식적인 훈련이나 강한 책임감의 인지로 스트레스를 통제하고 제어하자.

표 현

표현은 내재적 감정을 외부로 드러내는 것이다. 일반적으로 얼굴표정이나 '마음의 창'이라 부르는 눈에서 감정의 변화를 엿볼 수 있다. 울 때는 눈의 근육이 수축하고 분노할 때는 눈빛이 차갑게 변한다. 입도 감정변화를 드러낸다. 슬플 때 입꼬리가 내려가고 기쁠 때는 입꼬리가 당겨진다. 윗입술이 올라가기도 한다.

몸동작은 감정상태를 신체에 동반하는 움직임이다. 움직임의 표현은 주로 손과 발동작에서 드러난다. 기뻐서 덩실덩실 춤추기, 바빠서 이리 뛰고 저리 뛰기, 매우 당황하여 손발을 제대로 두지 못하고 쩔쩔매기, 가슴을 치고 발을 동동 구르기, 탁자를 치면서 벌떡 일어서기, 박수치며 칭찬하기, 우레와 같은 박수 등은 모두 감정표현이다.

말할 때 목소리로 감정을 전달하기도 한다. 슬플 때는 톤이 낮아지고 박자가 느려진다. 목소리 크기의 변화는 매우 작다. 기쁠 때는 톤이 높아지고 속도는 비교적 빨라진다. 목소리 크기 변화는 비교적 크다. 분노할 때 목소리는 높고 날카로우면서 떨림을 동반하는 것 등은 언어로 감정을 표현하는 좋은 설명이다.

표정과 언어는 감정과 기분을 직접 표현한다. 표정은 직관적이고 언어는 정확하다. 그러나 동작은 감정과 기분을 전달하는 보조 수단이다. 동작만으로는 감정을 정확하게 추단하기 어렵다. 사람의 감정상태를 정확하게 인지하려면 표정이나 몸동작을 살펴보고 언어를 분석해서 판단해야 한다. 감성지수를 높이기 위한 필수 과제는 감정상태를 정확하게 이해하는 것이다.

◆ 하버드 심리센터 감성 코칭

감정은 주기성을 지닌다. 주기적인 리듬은 눈에 보이지 않지만 인체를 제약한다. 정상적인 현상이므로 걱정하거나 우려할 필요는 없다. 리듬상 자기감정에 변화가 왔을 때 대처방법을 알면 훌륭하게 감정을 조절할 수 있다. 자신의 감정상태를 파악하고 상태에 따라 표현되는 표정이나 말투 등을 알아두어야 한다. 그래야만 통제하는 방법을 찾을 수 있다.

1. 자기 안에 있는 감정을 나열해보자.
2. 감정에 따라 나타나는 자기만의 특징을 적어보자.
3. 격정의 순간을 떠올리고 대체할 수 있는 방법을 생각해보자.

타인에게 감정의 주도권을 내주지 마라

인생은 순풍에 돛단배와 같지 않다. 거친 풍랑을 만나듯 뜻하지 않은 일들과 자주 부딪친다. 아이는 말을 듣지 않고 업무도 순조롭지 않다. 사랑하는 사람이 이유 없이 떠나기도 하고 준비한 시험에서 떨어질 수도 있다. 이밖에도 뜻대로 되지 않는 상황을 수시로 직면한다. 이런 일들이 우리 기분을 저조하게 하고 부정적으로 만든다. 그 예로 신문에 실렸던 일화를 참고해보자.

영국의 한 테니스 선수는 아주 어렸을 때 불의의 사고를 겪었다. 그녀의 어머니가 치과 진료 도중 심장병으로 갑작스럽게 사망한 것이다. 이 사고의 그림자는 그녀의 마음속에서 한없이 커져갔다. 심리상태를 어떻게 조절해야 할지 모르던 그녀는 덮어놓고 회피하기만 했다. 나중에는 치과 의사만 보면 벌벌 떨 지경에 이르렀다.

그녀가 테니스 선수로 유명해진 어느 날 치통이 너무 심해 참을 수 없을 지경에 이르렀다. 가족들은 그녀에게 치과 의사를 집으로 부르자고 설득했다. 집에 개인 주치의도 있으니 안전은 절대 보장할 수 있다고 설득했다. 그녀는 고민하다 마지못해 동의했다. 그런데 치과 의사가 집으로 와 수술 기구를 정리하는 사이 그녀는 죽고 말았다.

이처럼 극단적인 상황은 극히 드물겠지만 우리 주변에 비슷한 일이 있다는 건 부정할 수 없다. 사람들은 예상보다 많이 자기만의 방식으로 삶의 가시덤불을 피하고 있다. 사랑에 다친 사람은 오랜 시간 사랑을 금기 구역으로 정한다. '연애'라는 두 글자만 들어도 우물쭈물하고 위축되어 좋은 인연을 놓친다. 직장에서 실패한 사람은 비슷한 실수를 피하려고 새로운 업무를 맡지 않는다. 계획했던 일에서 벽에 부딪히는 사람들은 매사에 신중을 기하느라 무수한 기회를 놓쳐버린다. 실패의 악순환이다. 이렇게 해서는 인생의 진전을 이루어내기 힘들다.

이런 것들은 '자살'의 또 다른 유형이라 볼 수 있다. '뜻대로 되지 않는' 상황이 두려워서 아예 회피하고 도전을 거부해 인생을 망치는 결과를 초래하기 때문이다. 다음 두 사람의 예를 살펴보자.

유능한 린다는 자신이 원하는 직장을 쉽게 찾을 수 있을 거라고 생각했다. 그러나 백 년에 한 번 온다는 금융위기가 닥쳤다. 미국 명문 대학을 졸업한 그녀는 눈높이를 낮춰 구직활동을 했지만 계속해서 벽에 부딪히기만 했다. 우여곡절 끝에 이제 막 설립된 작은 회사에 채용되었다. 재능과 포부를 크게 펼치려 마음먹었지만 그녀는 신랄하고 매몰찬 상사를 만났다. 어느 날 상사는 린다가 제출한 기획안을 무참하게 질책했다.

"이런 쓰레기도 기획서라고 내놓는 건가? 내가 평생 봐왔던 것 중에서 가장 참신성 없는 아이디어야!"

린다의 열정은 밑바닥으로 떨어졌다. 자신은 시대를 잘못 타고 났으며 자기 능력은 최악이라고 생각했다. 그녀는 다시 일어설 용기마저 잃어버렸다.

미국 저명한 칼럼니스트 시드니 해리스는 친구와 함께 가판대에서 신문을 샀다. 가판대 주인은 친절하지 않았다. 표정과 태도도 쌀쌀맞았다. 계산 후 해리스는 주인에게 고맙다고 미소를 지으며 말했으나 주인은 차가운 얼굴로 돌아볼 뿐 아랑곳하지 않았다.

"정말 예의 없는 사람이네. 태도가 너무 나쁘지 않아?"

친구가 불만스러운 얼굴로 물었다.

"저분은 매일 이렇게 해왔어."

해리스는 개의치 않는다는 듯이 대답했다.

"그러면 너는 왜 저 사람에게 계속 친절하게 대하는 거야?"

친구가 이해가 되지 않는다고 묻자 해리스가 대답했다.

“내가 왜 저 사람 때문에 내 감정에 영향을 받아야 해?”

그렇다. 우리는 일상에서 최악의 상대를 만날 수 있다는 사실을 알아야 한다. 회사원이라면 부하 직원을 못살게 구는 관리자를 만날 수 있다. 학생이라면 배려심이라곤 조금도 없는 무척 엄격한 선생님을 만날 수 있다. 이때 당신은 어떻게 할 것인가? 린다처럼 자기 자신을 원망하고 한탄만 할 것인가, 아니면 해리스처럼 타인의 행동으로 자신의 기분에 영향을 받지 않을 것인가? 이제 당신이 선택해야 할 문제다.

◆ 하버드 심리센터 감성 코칭

타인에 의해 자기감정이 좌우되어서는 안 된다. 그것은 타인의 요구에 부응하는 일이 될 뿐이다. 감정이란 자신이 원해서 일어나는 심적 변화여야 한다. 그래야만 긍정적인 감정의 영향력을 최대치로 높일 수 있다.

1. 당신의 감정을 건드리는 주변 사람을 떠올려라.
2. 그가 당신에게 요구하는 감정은 무엇일지 생각하라.
3. 그런 다음 이런 문제에 대해 생각했다면 당신이 통제해야 할 감정을 적어보자(아, 당신이 영향력을 발휘해야 할 감정이면 더 좋다).

단점이 있어야 매력이 돋보인다

우리 주위에는 마음에 들지 않는 사람이 하나둘은 꼭 있다. “눈 속에 모래를 넣고 비빌 수 없다.”라는 말처럼 눈엣가시 같은 사람이다. 그래서 그 사람이 하는 일을 그냥 보아 넘어가 줄 수 없다. 그들은 미운 감정을 불러일으키고 험담과 증오를 즐기게 한다. 그러나 생각해보면 세상에 완벽한 존재는 없다. 아름다운 생물에는 대부분 독이 있고 요염한 장미에는 가시가 있다. 줄기에 가시가 있다고 해서 장미의 아름다움이 사라지지 않는다. 가시가 있는 줄 알면서도 사람들은 장미에 열광하고 사랑을 대표한다고 여긴다. 사람 관계 역시 마찬가지다. 성적이 좋다고 해서 꼭 모범생은 아니다. 온종일 까불고 말썽을 피우는 골칫덩어리일 수도 있다. 엇나가는 행동을 하며 동급생과 다툴 수도 있다. 그렇다면 그들은 나쁜 학생일까, 아니면 단순히 사춘기를 지나고 있는 학생일까?

회사의 경우도 마찬가지다. 실적 좋은 직원이 가장 충성스러운 직원일 수는 없다. 그는 사적으로 일거리를 맡아서 할 수도 있고 사장님의 결정에 반박할 수도 있다. 그런데도 사장의 신임을 얻는다. 그들이 가진 가시가 신뢰를 망가뜨리지는 않기 때문이다.

한 가지 예를 더 들어보자. 매우 모범적인 남편이 있다. 아내 앞에서 평생을 참고 양보하다가 말년에 갑자기 거칠고 급한 성격으로 변했다. 고집을 피우며 아내와 자주 다투고 아내의 말에 반박했다. 그는 어떤 남편일까?

우리는 타인의 결점을 잘 받아들이지 못한다. 완벽하지 않은 상대의 일 처리를 이해하지도 못한다. 장미에게 가시가 있다는 사실만 부각하고 아름다움을 무시하는 것처럼, 전갈이 독을 갖고 있다는 이유로 해충으로 분류해버리는 꼴이 되고 만다. 전갈의 약효를 사장시켜버리는 것이다.

사업이 잘 되는 회사가 있다. 하지만 직원들의 이직이 빈번했다. 반 년 사이에 무려 70% 가까이가 이직을 했다. 사장은 원인분석에 나섰다. 문제는 회사 내 인사담당 부장에게 있었다. 인사팀 부장의 채용 기준과 근무 기준은 도가 지나쳤다. 그는 인성과 이미지가 좋고 전문기술을 가졌으며 대인관계에도 노련한 사람만을 직원으로 인정했다. 그 때문에 어느 한쪽이라도 부족한 직원은 그에게 시달린 나머지 얼마 견디지 못했다.

예를 들어 프랭크는 구두가 더럽다는 이유로 회사 이미지를 실추시켰다는 비난을 받았다. 설리는 미소 지을 때 치아가 8개밖에 보이지 않는다는 이유로 고객 응대 예절이 부족하다는 잔소리를 듣곤 했다. 업무 도중 예상치 못한 손실을 발생시켰거나 실수를 저지르는 직원은 가차 없이 경고를 받았다. 이런 야박한 인사부장으로 인해 직원들은 6개월을 버티지 못한 것이다. 인사부장은 자신의 행동이 경쟁의 필연적인 결과라고 합리화했다. 하지만 70%의 직원이 참아내지 못했다면 문제는 인사부장에게 있는 것이다.

세상에 결함 없는 사람은 없다. 교황도 사적으로는 불같이 성질을 내고 고집 부릴 때가 있는데 평범한 사람이라면 말할 것도 없다. 가시를 지닌 장미를 좋아하는 법을 알면 지혜로운 처세가 가능하다.

훌륭한 교육자는 학생의 장난이 심하다는 이유로 교육을 포기하지 않는다. 현명한 관리자는 직원이 실수했다고 경솔하게 해고하지 않는다. 오히려 그 직원의 장점을 더욱 중요시하고 이를 적극적으로 활용한다. 뛰어난 투자자는 이해득실을 따져보고 이익이 크면 작은 손해에 눈을 감는다.

하나님은 만물을 창조할 때 일부러 조그마한 흠집 하나씩을 만들었다고 한다. 인간의 품성을 시험하기 위해 고의로 결점을 추가한 것이다. 우리는 자신의 결점은 인식하지 못한 채 꿀벌의 침만 기억하면 안 된다. 아름답게 춤추는 자태를 감상할 시간을 놓치게 될 수 있기 때문이다. 시야가 좁은 사람은 장미의 날카로운 가시가 자기를 다치게 하는 것만 불평하느라 사랑하는 사람의 얼굴에 피어난 행복을 볼 줄 모른다. 지혜롭고 너그러운 사람은 타인의 재능을 인정한다. 장점을 크게 보면 단점이 가려진다.

◆ 하버드 심리센터 감성 코칭

흠결 없는 사람은 없다. 상대의 단점이나 결점만 보는 것은 당신이 그를 인정하지 않기 때문이다. 그러면 그 역시 당신을 인정하지 않는다. 그보다 당신에게 더 많은 단점이 있을지 모른다. 누가 장담할 수 있겠는가. 자기 눈에는 자신의 장단점이 완벽하게 보이지 않는 법이다. 그러므로 상대의 단점에 눈을 돌리고 장점에 눈길을 둬라. 당신의 감정 건강에 좋다.

1. 남들이 봐 주었으면 하는 당신의 장점을 적어보자
2. 당신의 가시(결점)는 무엇인가?
3. 초·중·고등학교 생활기록부를 보자. 타인의 눈에 비친 당신이 보인다.

PART 2

자신을 이해해야
자기를 초월할 수 있다

Harvard's 100-Year

Traditional Emotion Class

✦ ✦ ✦

"나는 누구인가?"라고 스스로 질문을 던져보자. 모르던 자신이 덜컥 나타날 수 있다. 알고 있지만 낯선 자신이 드러날지 모른다.
진지하게 자신을 분석해본 적이 있는가? 자기 내면의 진실한 생각과 깊이 내재된 잠재능력을 알고 있는가? 앞으로 자신을 어떤 사람으로 만들어야 할지 생각해본 적 있는가? 없다면 지금부터 해보자!

구경꾼의 시선으로 자신을 보라

고대 그리스 신전에는 "너 자신을 알라."라는 문구가 새겨 있다. 중국에는 "자신을 정확히 아는 것이 가장 중요하다."라는 속담도 있다. 세상을 알기 전에 자신을 먼저 들여다보라는 뜻이다. 자기 관찰이나 자기 평가 같은 방식으로 먼저 자신을 아는 것이 중요하다. 자신이 무엇을 추구하는지, 왜 세상에 태어났는지 질문을 던지고 답을 찾는 과정에서 자기를 발견할 수 있게 된다. 무엇을 할 수 있는지, 무엇을 위해 살아야 하는지 고민하며 자기 이상을 알아간다.

비범한 성취를 이룬 사람 중에는 뒤늦게 자신을 발견한 사람들이 많다. 자신을 정확하게 안 뒤 삶의 방식을 바꾸어 더 멀리 더 높이 나는 기회로 삼는다. 괴테가 그 대표적인 사례다.

괴테의 어릴 적 꿈은 시인이나 작가가 아닌 화가였다. 그는 10년 동안 화가가 되기 위해 노력했다. 그러나 그림 실력은 좀처럼 나아지지 않았다. 화가의 꿈을 이루지 못한 채 십여 년의 시간을 보내고서야 괴테는 자신을 돌아보고 도화지 대신 원고지를 들었다. 그렇게 문학계 거장이 탄생했다. 괴테는 결코 한길만을 고집하지 않았다. 자신이 가려던 길의 방향이 잘못되었다는 걸 깨닫고 올바른 길을 찾았다. 자기를 돌아보고 분석한 결과이다. 우리도 가장 적합한 자리가 어디인지 알아야 한다.

다른 사람을 통해 자기 자신 알기

사람의 성격은 타인과의 교제나 협력을 통해 드러난다. 따라서 타인의 눈은 자신을 알 수 있는 중요한 수단이 된다. 심리학자들이 주장하는 '거울 자아이론'은 자신의 행동에 대한 타인의 반응을 관찰하고 자기 평가를 완성하는 것이다.

자아관찰을 통해 자기 자신 알기

자아관찰에는 여러 수단이 있다. 먼저 자신의 지적 활동이다. 기억, 이해, 관찰, 상상, 추리 등 일상적인 지적 활동에서 자기 능력을 감지하자. 그 활동 자체가 자신의 지적능력을 보여주는 수단이다.

다음은 반복적인 감정체험이다. 자신에게 어떤 감정과 의지적 특징이 있는지를 점검해야 한다. 반성을 통한 냉정한 자기 분석이 가능하다. 순자가 주장한 '세 번의 자기반성' 정신은 고대 현인들도 끊임없는 성찰로 삶을 점검했음을 보여준다.

객관적으로 자신을 평가하려면 구경꾼의 시선이 필요하다. 자신을 관찰할 때는 또 다른 자아가 자기를 지켜보는 것처럼 봐야 한다. 조감하는 방식으로 자신을 살피고 관찰하는 방법이다. '실존의 나'와 일정한 거리를 유지하면 자신을 더 냉철하게 볼 수 있다. 자신의 진실한 감정도 헤아릴 수 있다. 자기감정을 확실하게 파악하면 행동을 조절할 수 있기 때문에 비로소 진정한 자기 인생의 지배자가 된다. 인생을 원하는 방향으로 이끄는 것은 덤이다.

감성지수가 높은 사람은 자신의 구경꾼 역할을 잘한다. 그들은 자기감정상태를 인지하고 상황에 따라 조종할 줄도 안다. 외부요인이나 불쾌한 감정에 쌓여 집중력을 잃거나 과대망상에 빠지지 않는다. 민감하게 반응하지 않으면서 중립을 유지할 수 있다. 자기연민이나 자기애의 함정에 빠지지도 않는다. 대신 자기 문제를 빠르게 해결할 방법을 찾는다.

예를 들어 화가 났을 때는 빠르게 자신의 감정에 변화를 깨닫는다. 이어 불쾌한 감정을 드러낼 수 있는 두 가지 방법을 떠올린다. 하나는 상대방에게 불쾌한 감정을 드러내는 것이고, 다른 하나는 상대방을 용서하고 자신의 기분이 엉망이 되지 않도록 잊어버리는 것이다. 대체로 후자를 선택한다. 서로 상처를 남기지 않으면서 자칫 더 심각한 골칫거리가 생기는 걸 막아주기 때문이다. 불쾌함으로 엉망이 되는 자기 기분을 피하는 길이기도 하다.

자기를 정확하게 아는 것은 쉬운 일이 아니다. 과대평가하면 자기 단점을 볼 수 없다. 반대로 자신을 너무 낮게 평가하면 열등감에 빠지고 자신감을 잃는다. 자기 평가와 타인의 평가를 비교하고 점검해야 한다. 자신을 알아보려는 것 자체가 고상한 품성이며 심오한 지혜다.

◆ 하버드 심리센터 감성 코칭

자신의 감정변화를 즉각 알아차리도록 촉각을 세우자. 감정을 조절해야만 상대방과의 관계와 분위기를 올바른 길로 이끌 수 있다. 자기감정변화를 알아채고 피드백해주는 적극적인 구경꾼이 되자. 당장 변해야 하는데 무엇을 망설이는가?

1. 하루하루 감정상태를 점검하자.
2. 하루 중 가장 감정변화가 심했던 일을 떠올리고 구경꾼이 되어 그 일을 점검해보자.
3. 자기 관찰일지를 써보자.

자신을 사랑하고 리모델링하자

자기 자신의 구경꾼이 될 때 자기감정에 치우쳐서는 안 된다. 자신에게 존재하는 여러 문제를 함께 보아야 한다. 자신의 장단점을 객관적으로 판단한다. 단점을 자책하고 열등감에 빠지는 사람은 자아를 잃고 실패할 수밖에 없다.

경제잡지 《포브스》의 편집장 데이비드는 직원 한 명을 해고할 것이라고 발표했다. 다만 대상이 누구인지는 언급하지 않았다. 회의가 끝난 후 한 직원이 몹시 불안해하며 물었다.

"제가 회사에서 좋은 모습을 보이지 못한 것 같은데 혹시 해고하려는 사람이 저인가요?"

데이비드는 그의 긴장한 모습을 보고 천천히 입을 열었다.

"누구를 해고할지 결정하지 못했는데 지금 알게 됐군요. 당신을 해고하겠습니다."

그 직원은 자아를 잃어버렸기 때문에 해고당했다.

자신의 가치가 무엇인지 자신도 모르는데 어떻게 다른 사람이 인정하겠는가? 실패했기 때문에 자아를 잃은 게 아니라 자아를 잃었기 때문에 실패한 것이다. 자기를 사랑할 줄 모르는 사람은 열등감을 동반자로 삼는다. 다른 사람에게 사랑과 인정도 받지 못하고, 자기를 활용하지 못하므로 가치 없는 사람이 되고 만다.

모든 사람에게는 장단점이 있다. 어떤 사람은 자기 단점을 송두리째 부정한다. 이들은 사소한 약점과 결점에도 심리적 중압감을 느끼고 온종일 자신의 처지를 한탄하며 살아간다. 어떤 사람은 단점도 자신의 한 부분이라 여기고 보완할 점을 찾는다. 그는 자기 장단점을 활용해 세상에서 유일무이한 자신을 창조한다.

아카데미 여우주연상, 칸 영화제 여우주연상을 받은 이탈리아 여배우 소피아 로렌은 자기를 사랑하는 사람이었다. 그녀는 능숙하게 자기 단점을 장점으로 변화시키는 데 성공했다.

소피아는 16살에 처음 카메라 테스트를 받으러 갔다. 카메라 감독과 스태프들은 그녀의 코가 길고 엉덩이가 너무 크다고 볼멘소리를 했다. 감독은 그녀에게 대중의 미적 기준에 부합하는 모습으로 성형하라고 권했다. 그녀는 감독의 말을 일언지하에 거절했다. 오히려 자신의 모습을 사랑한다고 말했다. 건방지다는 비난이 쏟아졌다. 하지만 소피아는 이에 굴하지 않고 자기 외모와 신체에 대해 "코는 확실히 남들보다 튀긴 합니다만 다른 사람들과 똑같이 생길 필요는 없는 것 같아요. 엉덩이도 큰 것이 맞아요. 있는 그대로의 제 모습을 유지하는 게 가장 아름답다고 생각합니다. 대중들의 사랑을 받으려면 먼저 부족한 자신을 인정해야 하지 않을까요?"라고 말했다. 소피아 로렌은 당당하게 감독을 설득했다. 온몸에서 뿜어져 나오는 자신감은 많은 사람을 매혹시켰다. 마침내 그녀는 대단한 인기를 끌었고 2000년 66살의 나이에 '20세기 가장 아름다운 여인'으로 평가받았다.

자신을 사랑하고 믿는 사람은 성공한다. 그들은 자기 단점 때문에 자아를 부정하는 일이 없다. 장점을 살리고 단점을 커버하며 적합한 발전 경로를 찾는다. 자기가 설정한 길을 걸어가는 사람은 자아를 잃어버리지 않는다. 지금부터라도 자신을 사랑하자. 숨겨진 잠재력을 끊임없이 발굴해내고 한계를 뛰어넘을 수 있는 길이다.

근원 찾기

열등감을 극복하려면 먼저 근원부터 찾아야 한다. 심각한 자기부정은 어렸을 때 받은 상처에서 비롯된다. 그 일이 무의식중에 사고의 습관으로 고착된 것이다. 그것을 찾아내고 고쳐야 자신감을 찾을 수 있다.

자신을 격려하기

긍정의 자기 암시를 걸어보자. 수시로 '나는 할 수 있다.', '나는 훨씬 더 잘 해낼 능력이 있어.'라고 자신을 격려해주면 자신감을 회복하는 데 도움이 된다. 성공하면 긍정적 순환을 형성하고 열등감을 쫓아낸다. 실패하더라도 두려워하지 말고 '이번에 실패한 것으로 경험은 충분해. 다음에는 반드시 성공할 수 있어!'라고 또다시 자기 암시를 걸어라.

작은 일부터 시작하기

작은 일은 쉽게 성공할 수 있다. 자기 힘으로 해결할 수 있는 일부터 시작해보자. 작은 일에 성공하면 자신을 인정하게 된다. 자기 안에 있는 열등감을 몰아내고 자신감을 찾는 비결이다.

장점과 흥미 발굴하기

누구나 장점이 있다. 당신도 예외는 아니다. 우리가 흔히 하는 실수 중 하나는 자신에게서는 단점을 찾고, 상대방한테서는 장점을 찾는 것이다. 하지만 기억하라. 자기의 단점을 상대방의 장점과 비교하면 자신만 타격을 받는다. 절대적으로 자신을 믿어야 한다. 잘할 수 있는 일을 하면서 열등감을 극복하면 뜻밖의 사업 방향을 찾을 수 있다.

상대방과 적극적으로 교제하기

열등감은 괴팍함과 친해서 친구를 사귀려고 하지 않는다. 괴로움 속에 혼자 남겨지지 말고 사교성을 길러라. 많은 것을 배울 수 있다. 우정을 얻는 과정에서 자신감도 회복된다.

당신이 성공과 인정을 갈망한다면 자신을 의심하고 부정하지 마라. 그럴수록 에너지만 소모된다. 자기를 더 깊이 사랑하고 믿는 법을 배우자. 자신을 사랑해야 주위 사람들도 당신을 좋아한다.

◆ 하버드 심리센터 감성 코칭

감성지수가 높은 사람은 자기를 사랑한다. 자아를 잃어버리는 법도 없다. 그들은 잘못을 시원하게 인정하고 단점을 기꺼이 받아들인다. 자신을 배척하고 거부하지도 않는다. 타인을 원망하지 않는다. 우리도 자신을 흔쾌히 인정하고 받아들이자. 감성지수를 높이기 위해 우리가 반드시 걸어가야 할 노선이다.

1. 자신의 장점과 단점을 나열해보자.
2. 자신의 장점 중 가장 살리고 싶은 것부터 순위를 매겨라.
3. 자신을 리모델링할 수 있는 자기만의 구호를 만들어라.

무한 가능성을 지닌 자신을 의심하지 마라

"나는 누구인가?"에 대한 자아인식은 잠재의식 속에서 일어난다. 경험을 바탕으로 무의식중에 형성되고 과거의 성공이나 실패가 평가에 영향을 미친다. 한번 자아인식이 형성되면 스스로 그것을 신뢰한다. 행동을 결정하는 내비게이션이 된다. 가치관과 목표에 따라 나아갈 방향을 이끈다.

어린 시절 수시로 비난과 질책을 받았다면 자아상은 '저능한' 사람일 가능성이 높다. 스스로 무능해서 아무런 성과도 내지 못하고 주목받지 못하는 인물이라고 평가한다. 이들은 어려운 상황을 맞닥뜨리면 그것을 처리할 능력이 없다고 단정짓는다. 평가를 두려워하고 무력감을 느낀다.

반대로 긍정적인 자아상을 가진 사람은 자신을 다재다능하면서 진취적이고 박학다식한 모습으로 그린다. 어떤 상황에서도 “나는 할 수 있다.”라고 말한다. 일상생활에서 즐거움을 느끼고 열정으로 책임을 다한다. 어떠한 일이든 도전할 마음을 가지고 있으며 실제로도 적극적으로 난관을 헤쳐 나간다.

한 번 형성된 자아상을 바꾸는 것은 몹시 어렵다. 물론 긍정적인 자아상은 조정할 필요가 없다. 하지만 부정적이라면 아름다운 삶을 위해서라도 반드시 개조해야 한다. 자신은 괜찮은 구석이 없고 하는 일마다 남보다 못 하다고 생각한다면 능동적으로 자아상으로 뒤집어야 한다.

“나는 조물주가 독특하게 창조하셨다. 이 세상에서 나와 완전히 똑같은 제2의 인간은 없다. 나는 필요한 곳이 있어서 태어났다. 존재의 가치가 있으며 내 존재의 가치를 찾을 수 있다. 나는 유일무이한 사람이다.”라는 신념이 도움 될 것이다.

위대한 철학자가 있었다. 그는 평소에 유능하다고 생각한 조수 미카엘을 시험하고 싶었다.

“내 초가 얼마 남지 않았네. 이제 다른 초를 찾아 불을 계속 이어 나가야 할 때가 된 것 같구먼. 자네는 내 뜻을 이해했는가?”

“이해했습니다, 선생님.”

“나는 우수한 계승자가 필요하네. 지혜뿐만 아니라 확고한 자신감과 비범한 용기도 필요하지. 하지만 지금까지 그런 사람을 보지 못했네. 자네가 나를 대신하여 그런 사람을 발굴해줄 수 있겠는가?"

"네, 최선을 다해 찾아내겠습니다."

충성스럽고 근면한 조수는 고생을 마다치 않고 계승자를 찾기 위해 곳곳을 돌아다녔다. 수많은 사람을 데리고 왔으나 철학가는 모두 마음에 들어 하지 않았다.

"참으로 고생이 많네. 하지만 자네가 찾아온 사람들은 사실 자네보다도 못하군."

6개월 후, 철학가는 세상과 작별을 해야 하는 순간을 맞이했다. 조수는 몹시 부끄러워 눈물범벅이 된 얼굴로 철학가의 병상 앞에 앉아 무거운 목소리로 말했다.

"선생님께 실망만 안겨 드려 정말 죄송합니다!"

"실망한 건 나지만 죄송해야 할 사람은 자네 자신이네. 내가 생각했던 가장 우수한 사람은 자네였네. 하지만 자네는 자신을 믿지 못해서 자신의 존재는 간과하고 다른 인재를 찾아다니느라 시간을 낭비하고 기회도 잃어버렸지."

자신을 의심하지 마라. 기회를 잃어버리기 때문이다. 스스로 자신의 존재에 의문을 가지면 일이 발생할 때마다 '내가 어떻게 이 일을 감당해. 안 될 일이야.'라고 판결을 내린다. 그렇게 타인의 신뢰를 스스로 무너뜨리는 결과만 초래한다. 그러면 누가 그런 사람의 말과 행동을 믿겠는가.

자신을 실패자가 아닌 위너Winner로 여겨라. 인생에 한계는 없다. 남녀를 막론하고 누구나 마음속에 잠든 거인이 있다. 바로 자신이다. 프랑스 실존주의 철학가이면서 노벨상을 거절한 사르트르는 "무엇이 되고 싶은지 생각하면 그 무엇이 된다."라고 말했다. 당신이 넘어진다고 생각하면 정말로 넘어질 것이고 실력이 없고 부족하다고 생각하면 지는 것이다. 실패하리라 생각하면 반드시 실패한다. 여기 이 사람을 보자.

피터는 신문 관련 일을 하고 싶어서 대학원 신문학과에 들어갔다. 그는 동기들이 전부 학사학위가 있다는 걸 알게 됐고 학사학위가 없는 자신은 신문 관련 일을 할 수 없다고 생각했다. 누군가가 몇 번이나 실습 기회를 주었으나 모두 거절했다. 자격이 부족하다는 이유로 경험 쌓을 기회를 놓친 것이다. 그 뒤 다시는 기회가 오지 않았다. 이후 학위를 받았지만 불러주는 사람이 없으니 무용지물이 되고 말았다.

도전으로 자신이 어떤 일에 적합한지, 그 일을 해낼 수 있는지 판단할 수 있다. 자아인식을 정확하게 세우려면 도전기회를 거절하지 마라. 자신을 좁은 틀 안에 가두지 말자. 성공적으로 자기 삶을 이끌고 싶다면 자신에게 이렇게 말하라.

"나니까 할 수 있어!"

◆ 하버드 심리센터 감성 코칭

자신의 장점을 더욱 확대해나가고 싶은가. 그러려면 긍정적 자아를 일구고 키워나가면 된다. 만약 열등감과 패배감으로 점철되었다면 당장 벗어버려라. 그대로 방치하면 당신 인생 전반에 전이된다. 스스로 날개를 꺾어버리는 꼴이다.

자아상을 살펴본 당신이 이제 해야 할 일은 둘 중 하나이다. 긍정적 자아상을 유지하는 것과 부정적 자아를 바꾸는 것이다, 다른 선택은 없다.

1. 어린 시절 가장 많이 들었던 말들을 떠올리자.
2. 지금 자신이 가장 많이 듣고 있는 말들을 떠올려보자.
3. 당신의 자아상을 한 문장으로 표현해보자.

가슴에 나침반을 대고 삶의 방향을 찾아라

감성지수를 높이기 위해 이제까지 줄곧 변화를 강조했다. 자신을 긍정적으로 바꾸고 성공적으로 이끌려면 변화가 필요하다. 물론 변화만이 유일한 경로는 아니다. 자신이 원하지 않는 사람으로 바뀌는 것이라면 차라리 바꾸지 않는 것이 좋다. 대신 더 적합한 경로를 선택하자. 자신을 기쁘게 받아들고 '나다운 나'로 사는 것이다.

데이지는 어렸을 때부터 예민했다. 낯도 많이 가렸다. 그녀는 뚱뚱했고 동그란 얼굴 때문에 실제보다 더 뚱뚱해보였다. 데이지의 어머니는 매우 고지식해서 옷을 예쁘게 입는 건 멍청한 짓이라고 생각했다. 어머니는 매번 옷 입는 것을 도와주며 "넉넉한 옷은 입기에 좋아. 딱 붙으면 옷이 터지기 쉽단다."라고 데이지에게 말했다. 의기소침한 데이지는 실외 활동을 거의 하지 않았다. 체육 수업도 거절했다. 부끄러움이 많은 그녀는 스스로 사랑스러운 구석이 하나도 없다고 여겼다.

성인이 된 데이지는 나이가 많은 남자와 결혼했다. 남편의 가족은 모두 착하고 자신감이 넘쳤다. 데이지는 그들처럼 변하기 위해 노력했지만 결국 해내지 못했다. 그들은 데이지의 열등감을 건드리지 않으려고 조심했다. 데이지의 불안감은 더욱 커졌다. 나중에는 현관 벨소리를 두려워할 정도로 악화되었다. 자신을 실패자라고 생각한 그녀는 남편이 이 사실을 알게 될까 봐 두려웠다. 그래서 공공장소에 나갈 때마다 일부러 즐거운 척했고, 집으로 돌아와서는 며칠을 괴로워했다. 끝내는 더 살아도 아무런 의미가 없다고 생각한 데이지는 자살을 떠올렸다. 그 무렵 시어머니가 그녀의 손을 다독이며 말했다.

"어떤 상황에서도 본연의 자기 모습을 유지하면 된단다."

'본연의 자기 모습을 유지하다!' 순간 데이지는 자신이 그토록 괴로워했던 이유를 찾았다. 줄곧 자신에게 어울리지 않는 모습으로 살려고 했다는 걸 깨달았다.

"저는 하룻밤 사이에 바뀌었어요. 본연의 제 모습을 찾기 시작했거든요. 제 성격과 장점을 연구하기 시작했어요. 색채와 패션 지식을 공부해서 최대한 저에게 어울리는 옷을 입었어요. 적극적으로 친구를 사귀고 동호회에도 참가했습니다. 작은 동호회였는데 그들이 먼저 제게 활동에 참여하라고 해서 정말 놀랐습니다. 저는 자신에게 조금 더 용기를 주자고 매번 다짐합니다. 지금의 즐거움들을 얻을 수 있으리라고는 단 한 번도 생각해 본 적 없었어요. 어떤 상황에서도 본연의 자기 모습을 유지해야 한다고 생각합니다."

모든 사람은 세상에 하나밖에 없는 존재이다. 자기 본래의 모습은 70억 분의 1이 된다. 그만큼 특별하다. 자신을 있는 그대로 인정하고 받아들이자. 당신이 안정감이 없다고 느꼈을 때 애써 꿋꿋한 척하지 말자. 문제의 상황을 직시하고 '무섭지만 이것은 매우 정상이야.'라고 스스로에게 말하라. 누군가에게 느끼는 감정을 부정하거나 숨기지 말자. 솔직한 표현이 최대한 빠르게 갈등을 극복하는 방법이다.

진솔하게 자기감정과 마주해보자. 인생은 완벽한 것이라고 가장하거나 완벽해질 것이라 기대할 필요도 없다. 불완전함을 인정해야 이면에 숨어 있는 긍정적인 면도 발견하게 된다. 예를 들어 이기적인 행동 뒤에는 사심 없는 마음이 있다. 뒤끝 없이 시원한 성격도 보인다. 위축되어 살았지만 대부분 용감했다는 진실도 대면하게 될 것이다. 어떤가. 이 정도면 자신의 감정과 오롯이 마주하는 것이 유익하지 않은가.

"완벽하지 않아도 지금의 내 모습이 매우 훌륭하다."라고 자신을 인정하자. 문득 자신의 부정적인 특질이 떠오르면 살짝 각도를 틀어보자. 상냥함과 포용력으로 그것을 대할 수 있는지 가늠해보는 것이다. 점차 익숙해지고 능숙하게 부정적 특질을 다룰 줄 알게 되면 가벼운 태도로 그것을 대할 수 있게 된다.

복잡한 삶 속에서 자신을 등지고 살아서는 안 된다. 자아상을 파기하는 일이다. 그 결과는 불을 보듯 뻔하다. 허무하고 쓸쓸한 방향으로 인생이 흘러가거나 개성과 자존감 없는 삶으로 물러날 것이다. 당당하게 자신을 드러내자. 당신 삶의 유일한 목적이어야 한다.

◆ 하버드 심리센터 감성 코칭

자신을 적당한 각도에 세워두고 객관적인 평가와 심사를 해야 한다. 진실한 자아로의 회귀는 감성지수 발달에 지대한 영향을 끼친다. 자신을 구경하는 능력을 발휘하라. 본연의 자기 모습으로 삶의 방향을 모색하라. 그것이 당신 삶의 나침반이다.

1. 자신이 속한 공간에서 가장 자신다운 모습을 아는가?
2. 자신이 속한 관계에서 가장 자신다운 모습은 무엇인가?
3. '척'하느라 감추고 있는 당신 본연의 감정은 무엇인가?

타인의 비판 대신
자기 목표를 마음에 새겨라

자신을 아는 방법에는 두 가지가 있다. 스스로 관찰하는 것과 타인을 통해 자신을 평가하는 방법이다. 대다수 사람은 자신이 자기를 객관적으로 평가하기가 어렵다고 한다. 그래서 타인의 평가에 자기를 내맡긴다. 대중 심리에서 어긋나는 것인지, 도덕 한계선을 넘었는지. 다른 사람의 규범에 맞춰서 상대방이 원하는 일을 하며 사회가 바라는 사람으로 맞춰 사는 것이다.

다른 사람의 의견과 견해는 참고용일 뿐 자신의 행동 규범이 아니다. 그것에 의존할수록 당신은 자아를 잃어버리게 된다. 당신 인생을 다른 사람의 잣대로 통제하는 것이다. 타인의 비판에 민감하냐는 질문에 월스트리트가의 국제기업 CEO 매튜의 대답을 들어보자.

“저는 이런 일에 매우 민감했었습니다. 당시 저는 회사에 있는 모든 사람이 저를 완벽하다고 생각하도록 만드는 데 급급했지요. 그렇게 하지 않으면 저를 의심하고 따르지 않을 것 같았지요. 누군가가 제게 원망의 말을 하면 그 사람의 환심을 살 방법을 찾았어요. 하지만 그 사람의 비위를 맞추기 위해 한 행동은 또 다른 사람을 화나게 했습니다. 그 사람의 마음을 풀어주려고 한 행동은 또 다른 사람의 감정을 상하게 했죠. 마지막에 저는 다른 사람의 비위를 맞추려고 할수록 적이 더 늘어난다는 사실을 깨달았습니다.

이후 ‘네가 뛰어난 사람이라면 반드시 비판을 받아내야 해. 그러니까 미리 습관을 만들어놓자.’라고 생각했습니다. 저는 제 능력을 최대한 발휘할 수 있는 일을 했습니다. 내 망가진 우산을 접고 저를 비판하는 빗물이 내 목이 아니라 몸에서 흐르게 했어요.”

우리도 망가진 방어의 우산을 치워보자. 몸이 흠뻑 젖을지라도 비판의 빗물이 목구멍으로 들어오게 해보라. 남들에게 험담을 듣고 웃음거리가 되고 좋아하는 사람에게 비난받고 혹은 가장 친밀한 친구에게 버림받았다고 해서 누구도 당신을 불쌍하게 여기지 않는다. 당신의 어느 구석이 문제인지 말해주지도 않는다. 그럴수록 당신은 조바심이 나 이런저런 방법을 모색할 것이다. 하지만 모든 사람을 만족시킬 수는 없다.

비난하고 비판하는 것 또한 그들의 자유다. 남들의 불공정한 비판을 모조리 막을 수는 없다. 하지만 불공정한 비평으로부터 방해받지 않을 수는 있다. 링컨이 훌륭한 시범을 보여주었다.

"내가 나에게 집중되는 허다한 공격에 대해서 복종하지 않고 일일이 대답했다면 뼈도 추스르지 못했을 것이다. 나는 내가 믿는 가장 훌륭한 방법으로 내가 할 수 있는 가장 좋은 것을 선택했다. 내가 옳았다고 증명된다면 누가 뭐라고 말하든 상관하지 않는 것이다. 대신 내가 틀렸다는 결과가 증명된다면 누가 칭찬을 해도 귀 기울이지 않았다."

링컨이 경멸과 조소에 민감하게 반응했다면 일찍 내전의 압력을 견디지 못하고 무너졌을 것이다. 비평을 대하는 그의 말은 이제 영향력을 가진 명언이 되었다. 제2차 세계대전 기간에 맥아더 장군은 이 말을 적어 총사령부의 책상 뒤에 걸어두었다. 처칠은 액자에 끼워 서재 벽에 걸어두었다.

장담컨대 감성지수가 높은 사람은 비판 때문에 괴로워하지 않는다. 그들은 인생의 바둑판은 자기가 놓고 승패와 성패도 자기가 통제한다. 타인의 평가를 대할 때 포괄적으로 듣고 의견을 종합적으로 분석해서 자신을 재평가한다. 다른 사람의 평가는 단지 자기 행위의 참고서가 될 뿐이다. 이제 분명해졌다. 당신이 마음속에 새겨야 할 것은 당신의 목표다. 타인의 비판을 새겨두지 마라. 비판은 새길수록 상처로 남고, 목표는 새길수록 영광을 가져온다.

어느 독재자는 사형을 집행하기 전, 사형수에게 두 가지 중 하나를 선택하게 했다. 첫 번째는 총 한 발로 죽는 것이고, 두 번째는 담장 위 깊이를 알 수 없는 어두운 동굴에 들어가는 것이다.

사형수들은 총 한 발에 죽는 것을 선택했다. 알 수 없는 어두운 동굴로 들어가는 것보다 죽음이 낫다는 판단이었다. 어두운 동굴은 흡사 커다란 짐승에게 영혼을 갉아 먹히는 두려움이 있다고 했다. 어느 날 술이 얼큰하게 취한 독재자에게 부하가 물었다.

"어두운 동굴 안에는 도대체 어떠한 것이 있는지 알려주실 수 있으십니까? 동굴에 들어가면 도대체 어떤 일이 발생합니까?"

"아주 엄청난 일이 발생한다. 어두운 동굴에 들어간 사람은 하루나 이틀 정도 탐색하면 순조롭게 도망갈 수 있다. 그런데도 저 칠흑 같고 알 수 없는 미래를 감히 대면하려는 자가 없다."

목표를 보지 못하는 건 죽음보다 더 끔찍한 일이다. 좌절은 운이 없기 때문이고 실패는 운명이라고 단정짓는다. 노력을 포기하고 자신의 운명을 방치하는 것이다. 이는 성공에서 더 멀어지게 할 뿐이다. 분명히 말하지만 신은 노력하는 자에게만 성공의 가능성을 더해준다.

목표를 향한 전진은 계단을 오르는 것처럼 꾸준히 성실하게 임해야 한다. 목표 앞에 곤란과 좌절이 펼쳐져 있을지라도 스스로 격려하고 포기하지 않도록 이끌어야 한다. 성공 가능성이 없어 낙담

했지만 몇 년 후 기적처럼 성공할 수 있다. 어쩌다 보니 이루어진 결실이 아니다. 자신의 노력이 상황을 변화시킨 것이다. 물론 모든 과정이 순풍에 돛을 단 것처럼 순조롭지는 않다. 시련이 닥치고 고배를 마셔야 하는 순간도 있다. 이런 타격을 입더라도 기가 죽어선 안 된다. 그럴수록 이를 악물고 끈기 있게 노력해야 한다. 성공을 이루어낸 사람은 하늘을 원망하거나 남을 탓하지 않는다.

이제 분명해졌다. 목표는 공기이다. 공기가 없으면 사람이 생존할 수 없는 것처럼 목표가 없는 사람은 성공할 수 없다. 공기를 흡입하듯 목표를 향해서 자기 인생을 포맷해야 한다. 목표가 있을 때 생존의 용기를 얻을 수 있다.

◆ 하버드 심리센터 감성 코칭

비판을 지나치게 신경 쓰는 사람은 자신을 타인의 잣대 위에 세운 격이다. 협소한 범위로 속박하여 비상할 기회를 잃어버리게 된다. 목표가 있으면 활력이 생긴다. 목표가 있다는 것은 도전할 의욕이 있다는 것을 의미하므로 행동이 밝아지고 활발해진다. 목표실현을 위해 온 마음으로 노력하면 다른 일의 방해를 받지 않는다. 구체적인 목표가 당신이 나아갈 길을 이끈다!

1. 타인에게 들은 비판을 되새기고 당신의 반응을 점검해보자.
2. 올해 당신의 목표는 무엇인가?
3. 당신의 인생을 걸고 실현시킬 목표는 무엇인가?

기대가 너무 높으면 즐거움을 놓친다

우리에게는 기대심리가 있다. 어떤 물건의 소유를 바라기도 하고 사랑을 구하거나 자신이 원하는 소망이 이루어지기를 바라는 마음이다. 기대에 다다르지 못하면 마치 머릿속에 개미 수만 마리가 기어 다니는 것처럼 느껴진다. 가슴은 날카로운 송곳에 찔린 것처럼 괴롭다. 설레게 했던 기대가 자기 능력과 체력의 한계를 초과할 때 균형이 깨지고 고통의 심연 속에 빠진다. 자기 욕망이 충족되지 않았기 때문이다.

사람은 욕망의 지배를 받는 동물이다. 욕망의 지배 아래서 노력하고 분투한다. 욕망은 우리를 발전시키고 도전정신을 채워준다. 노력 끝에 욕망이 충족되면서 찾아오는 성취감과 행복은 감동적이다. 욕망을 부정적인 측면에서 본다면 끝없는 고통을 감수해야 한다는 점이다. 불평과 불만이 수시로 드나드는 문이 되어버리고 만다.

욕망은 기대감을 선물로 준다. 더 크고 더 높은 기대로 당신을 흥분시킨다. 하지만 욕망이 주는 기대감을 무작정 받아들면 안 된다. 턱없이 높은 기대감은 당신의 재능을 묵살한다.

어릴 때부터 피아노를 배운 리어가 좋아하는 음악가는 베토벤이었다. 음악에 재능이 많았던 그는 제2의 베토벤이 되기로 결심했다. 난청이 있는 자신이 베토벤의 환생이라고 믿고 피아노를 배우는 데 열중했다. 모든 사람이 리어의 노고와 창작 재능에 탄복했다. 하지만 그는 만족하지 못했다. 듣기에 결함이 있다는 사실은 극복할 수 없는 현실이었다. 시간이 갈수록 베토벤과의 수준 차이도 극명하게 드러났다. 격차를 줄이기 위해 남들보다 몇 배는 열심히 해야 한다는 생각에 자꾸만 고통 속으로 빠지게 됐다.

리어는 지나치게 높은 기대로 심적 고통을 받았다. 기대가 발전을 이끌었지만 지나치게 강렬한 기대는 그를 고통스럽게 했다. 자기 학대가 된 것이다. 안타깝지만 우리 주변에서도 비슷한 경우를 흔히 본다. 자신의 능력보다 스스로에게 거는 기대가 지나치게 높은 사람들이다. 자기 수준을 달인과 동급으로 여기고 지금보다 훨씬 많은 것을 얻어야 한다고 믿는다. 남들보다 높은 곳에 서야 한다는 생각으로 현실에 만족하지 못한다. 그들은 목표에 닿지 못해 괴로워한다. 마음대로 되지 않는 현실에 실망하고 자기가 가진 모든 능력을 부정한다.

당신은 아니라고 부인하지 마라. 기대는 끊이지 않고 샘솟는 물이다. 예를 들어 멀리 사는 친구로부터 서프라이즈 편지를 받을 수 있을까 기대하는 마음. 때론 승진으로 월급이 오르길 기대하고 복권을 사면 1등에 당첨되길 기대한다. 이러한 기대는 일상생활의 조미료가 되기도 한다. 가끔 실현되는 기대는 무한한 기쁨이 되기도 한다. 다만 우려되는 것은 절제를 모르고 기대만 크게 키워가는 것이다. 기대가 망상이 되어서 안 된다. 삶에 실망하여 앞을 보지 않게 만들 수 있기 때문이다.

제시카와 사라는 쌍둥이지만 두 사람의 성격은 확연히 달랐다. 제시카는 항상 자신감이 넘치고 자신이 언젠가 두각을 나타내리라 확신했다. 사라는 부드러운 성정으로 매사에 쉽게 만족했다. 두 사람은 같은 해 다른 회사에 입사했다. 제시카는 매번 두각을 나타낼 기회를 쟁취하기 위해 노력했고 사라는 자기 본분에 속하는 일을 해내고 간혹 친구와 모임을 가졌다. 몇 년의 필사적인 노력을 통해 제시카는 사업에 성공한 커리어우먼이 되었다. 하지만 마음이 답답하고 울적했다. 자신 위에 아직도 많은 사람이 있는 것을 보며 점점 자신감을 잃었다. 반면 사라는 여전히 평직원이었다. 결혼해서 아이를 낳고 가정을 세심하게 돌봤다. 그녀는 자신의 삶에 행복과 만족을 느꼈다.

사업의 측면에서 본다면 제시카는 성공한 사람이다. 명확한 목표를 달성하기 위해 쉼 없이 노력하여 자랑스러운 성적을 거머쥐었다. 사라는 업무의 측면에선 큰 발전은 없었다. 그러나 마음의 측면에서 논한다면 만족도가 제시카보다 높다.

우리는 못 해서가 아니라 기대가 너무 높아서 불만을 느낀다. 삶이 만족스럽지 않은가. 예정한 목표가 너무 멀리 있다면 스스로 욕망을 조정해보자. 당신의 기대가 원래의 수용력을 초과하지 않았는지 점검하는 것이다.

즐거움은 아주 간단한 일이다. 매일 조금 더 만족하고 조금 덜 불평하면 된다. 얻은 것에 감사하자. 소원을 빈다고 해서 항상 선물을 얻을 수 있는 것이 아니다. 우리가 얻은 모든 것에 감사해야만 즐거움이 손님처럼 찾아온다.

◆ 하버드 심리센터 감성 코칭

자신에게 건 기대에 단계를 설정하자. 계단을 올라가듯 한 단계 한 단계 높여 나가는 것이다. 처음부터 계단 꼭대기에 앉을 기대는 하지 말자. 풍선도 숨 한 모금부터 불어야 커진다. 높은 기대치로 단숨에 거대한 풍선을 기대한다면 지금 내뱉는 숨이 시시해진다. 기대를 낮추자. 자기 기대에 부응하는 사람이 즐겁다.

1. 자기 위치에서 자기에게 거는 기대들을 적어보자(좋은 아빠 대신 1시간 놀아주는 아빠 등 구체적으로 적는다).
2. 그중 현재 즐거움을 느끼고 있는 기대감에 동그라미 표시를 한다.
3. 동그라미 친 기대감을 한 단계 업그레이드 시켜보자.

인생의 결정권자는 바로 자신이다

운명의 지배자는 누구인가에 관한 유명한 전설이 있다.

어느 날 아서왕이 이웃 나라 병사에게 붙잡혔다. 이웃 나라 국왕은 아서의 젊고 낙관적인 모습에 감동하여 문제의 답을 맞히면 살려주겠다고 했다. 국왕은 아서에게 "여인이 진정으로 원하는 것이 무엇인가?"라는 문제를 냈다. 선각자조차도 대답하기 어려운 문제에 아서는 1년 후에 답을 주기로 약속했다. 자신의 나라로 돌아온 아서는 많은 사람에게 답을 구하기 시작했다. 공주, 기녀, 목사, 지혜로운 사람, 궁궐 어릿광대에게까지 물었으나 정확한 답을 주는 사람은 아무도 없었다. 마지막에 누군가가 늙고 추악한 마녀가 답을 알 것이라고 했다. 다른 선택이 없었던 아서는 추악한 마녀를 찾아갔다.

마녀는 원탁의 기사 중 아서와 가장 친한 가웨인과 결혼하게 해 주면 답을 알려주겠노라고 말했다. 아서는 경악했다. 마녀는 곱사등이에 흉측한 외모였다. 치아는 하나밖에 없었고 몸에서는 악취가 진동했으며 이상야릇한 소리까지 냈다. 세상을 두루 경험한 아서도 이렇게 추악한 '괴물'을 본 적이 없기에 바로 거절했다. 자신의 목숨을 위해 친구에게 마녀와의 결혼을 강요할 순 없었다. 그런데 가웨인이 아서에게 말했다.

"마녀와 결혼을 하겠습니다. 아서의 목숨과 원탁을 지켜내는 것보다 더 중요한 일은 없습니다."

가웨인이 결혼을 약속하자 마녀는 아서에게 답을 주었다.

"여인이 진정으로 원하는 것은 자신의 삶에 주도권을 갖는 것입니다."

사람들이 마녀의 말에 고개를 끄덕였다. 대답을 들은 이웃 나라 국왕도 아서에게 영원한 자유를 주었다. 추악한 마녀와 결혼해야 하는 가웨인을 보고 아서왕은 헤어날 수 없는 고통에 흐느꼈지만 그는 평소처럼 겸허했다. 마녀는 결혼식에서 더욱 최악의 모습을 보여주었다. 그리고 제멋대로 행동하는 바람에 결혼식에 참석한 모든 사람이 불편해했다. 가웨인은 첫날밤을 보낸다는 게 힘들었지만 용감하게 신혼 방으로 들어갔다. 그런데 놀랍게도 방에는 단 한 번도 본 적 없는 아리따운 여인이 침대에서 그를 향해 미소 짓고 있었다.

"가웨인, 나는 그 마녀예요. 그대가 내 추악한 모습을 싫어하지 않았으니 저도 그대에게 좋은 모습을 보여줘야겠지요. 하루에 절반은 끔찍한 모습이고 나머지 절반은 아름다운 모습이 있어요. 가웨인, 내 아름다운 모습이 언제 나타났으면 좋겠어요?"

난감한 문제였다. 대낮에 친구들에게 아름다운 여인을 보여준다면 밤에는 늙고 추악한 마녀를 마주해야 하고, 밤에 아름다운 여인과 좋은 밤을 보낸다면 낮에는 추악한 마녀 아내를 대중 앞에 내놓아야 한다. 선택하기 어려운 질문에 가웨인은 제3의 답안을 내놓았다.

"여인이 가장 원하는 것은 자기 삶에 주도권을 갖는 것이지요. 그렇다면 질문에 대한 답 역시 당신이 결정하십시오."

그 즉시 마녀는 낮과 밤 모두 아름다운 모습을 선택했다. 삶의 주도권이 주어지자 운명을 바꾼 것이다.

우리에게는 마법이 일어나지 않는다. 마녀처럼 때때로 변신할 능력도 없다. 그래서 운명을 지배하려면 막대한 용기와 노력이 필요하다. 그런데 사람들은 자기운명이 다른 사람과 외부요인에 의해 통제된다고 생각한다. 주도권을 내주고 운명의 결정권자가 결재해주기만을 기다린다. 스스로 자기 인생의 권리를 포기해버리는 것이다.

인생을 잘 살고 싶다면 자기 삶의 주도권을 쥐는 법부터 배우자.

실패하더라도 당신의 인생이다. 진정으로 책임질 사람도 당신이다. 당신이 가장 사랑하는 사람이나 모든 것을 내어주고 싶은 사람일지라도 당신 인생을 좌우할 권한까지 내주면 안 된다. 누구에게도 당신의 인생을 내맡기지 마라. 자기 삶의 주도권을 쥐고 살면 눈을 감는 순간까지 후회가 없다. 앞으로 어떻게 살아갈지 묻지 말고 스스로 결정하자.

◆ 하버드 심리센터 감성 코칭

우리는 누군가 지시하는 대로 살아가려 한다. 어릴 때부터 부모의 말에 따르던 습성을 성인이 된 뒤에도 그대로 답습하며 따르는 것이다. 이제 자기 인생의 주도권을 사용하자. 그로 인한 실패를 두려워한다면 삶의 주인공으로 살지 못한 채 생을 마감하게 된다. 돌아보라. 점검하라. 자신이 주체가 되어 생각하라. 당장!

1. 자신의 인생을 살아감에 있어 누구의 도움을 받았는가?
2. 도움을 주는 사람의 영향력은 몇 퍼센트인가?
3. 당신 인생의 주도권을 행사하기 위해 당장 실천할 일은 무엇인가?

PART 3

사교에
감성을 가미하라

Harvard's 100-Year
Traditional Emotion Class

✦ ✦ ✦

사람들 사이에서 어떤 이는 마당발이고, 어떤 이는 소외된 사람이다. 누구는 쉽게 정보를 얻지만 누구는 정보가 전혀 없다. 남들에게 호감을 얻는 사람이 있는가 하면 피동적이라서 다른 사람과 어울리지 못하는 사람도 있다. 사람 사이에 왜 이런 차이가 생길까? 그에 대한 해답은 인간관계의 요령을 얼마만큼 알고 실행하느냐에 달렸다. 타인을 이해하고 타인의 사고와 느낌을 공유하며 나누는 차이가 만들어낸 간극이다.

감성지수가 높은 사람은 사교생활이 맹목적이지 않다. 복잡한 관계 속에서도 혼란스러워하지 않는다. 행동이나 심리상태에 따라 상대방의 감정을 먼저 파악하고 그에 걸맞은 대응책을 강구한다.

경청은 상대를 무대의 주인공으로 만든다

자동차 세일즈맨 조 지라드는 고객에게 신형차 한 대를 추천했다. 지라드의 상세한 소개를 들은 고객은 아주 흡족해하며 1만 달러를 계약금으로 준비했다. 그런데 계약서를 작성하려는 순간 갑자기 고객이 자리를 박차고 나가버렸다. 차를 아주 마음에 들어 했던 고객이 왜 갑자기 태도를 바꾼 것일까? 영문을 몰라 괴로워하던 지라드는 상황 파악을 위해 그날 밤에 고객에게 전화를 걸었다. 지라드는 거두절미하고 본론으로 들어가 상대방이 의문을 풀어주길 기대했다. 잠에서 깬 고객은 매우 불쾌해했다. 지라드는 사과를 한 후 고객에게 자기 실수를 지적해달라고 간절하게 부탁했다. 지라드의 진심 어린 모습에 고객은 오전에 있었던 일을 이야기해주었다.

계약서를 앞에 두고 두 사람은 일상적인 이야기를 나눴다. 고객은 지라드에게 자녀의 학업성적과 운동능력, 그리고 장래희망 등을 이야기하며 몹시 자랑스러워했다. 한편 거래가 성사되었다고 생각한 지라드는 계약을 따낸 성취감에 들떠 고객과 눈을 마주치지 않은 채 건성으로 호응했다.

고객의 이야기를 경청하지 않은 것이 바로 영업 실패의 원인이었다. 차를 판매하는 사람은 많지만 신중하게 고객의 말을 들어주는 충실한 경청자는 없는 것이다. 그 뒤 그는 고객의 경청자가 되기를 자처했고, 놀라운 영업실적을 달성할 수 있었다.

듣기는 선택사항이 아니다. 귀는 언제나 열려 있어 우리가 원하든 원치 않든 항상 소리를 받아들인다. 그런데도 우리는 "너 내 말을 듣고 있는 거야."라며 확인한다. "단순히 귀로만 듣지 말고, 내 마음속의 뜻을 이해해줘."라는 뜻이다. 이것이야말로 진정한 듣기다.

누구든지 자신의 의견이 중요하게 여겨지길 바란다. 자기 심정을 이해해주길 바란다. 기대에 미치지 않는 사람과는 말하고 싶지 않다. 그러므로 누군가와 진실한 관계를 만들고 싶다면 듣는 법부터 배워야 한다. 듣기는 단순히 말을 듣는 것뿐만 아니라 행동을 관찰하고 안색을 살피면서 상대의 이야기에 몰입하는 것이다. 경청은 관심이 있는 사람에게 베푸는 최고의 호의다.

샘 월튼은 1962년 미국 아칸소주에 월마트 기업을 설립했다. 이후 수십 년의 발전을 거쳐 현재 세계 최대 소매기업으로 성장했다. 월마트는 '고객이 왕'이라는 명언을 끝까지 지키며 실천했다. "고객의 한 푼을 아끼게 도와라."라는 주지를 견지하면서 샘은 월마트에 두 가지 규정을 지정했다.

첫째, 고객은 항상 옳다. 둘째, 고객이 착오가 생긴다면 첫째 조항을 참고하라.

월마트는 다음과 같은 슬로건을 걸고 있다. 직원들은 항상 미소를 유지해야 하고, 훌륭한 서비스 태도를 유지해야 하며, 진지하게 고객의 문제를 해결해주고, 고객의 소리를 경청하고, 즉시 고객의 의견에 피드백하고, 서비스를 개선하기 위해 노력해야 한다.

우리는 누구나 세상이 자신의 목소리를 듣길 원하고 자신이 군중 속의 중심이길 바라며, 인생 무대 위 연설자이길 바라지 다른 사람의 청중이 되고, 누군가의 바탕이 되고 싶어 하지 않는다. 우리는 타인과 진심이 통하는 것을 원하면서도, 그것이 진정한 의사소통의 결과라는 건 간과한다. 경청하면 인간 감정의 변화를 감지할 수 있고, 인간의 모든 행동을 이해할 수 있으며 삶의 여운을 지각할 수 있다.

경청의 가장 기본자세는 상대방의 눈을 보는 것이다. 인간의 사고와 정서는 눈과 밀접한 관계가 있다. 정서에 변화가 발생하면 안구와 동공이 먼저 반응한다. 독일의 어느 심리학자는 눈이 타인을 이해하는 가장 좋은 도구라고 했다. 눈의 움직임은 진실한 심정을 반영한다. 말로는 거짓말을 할 수 있지만 눈은 거짓말을 할 수 없다.

눈은 자신의 심리상태를 반영한다. 희망을 품은 사람의 눈은 반짝이고 눈빛에 힘이 있다. 절망적인 사람은 눈빛에 생기가 없고 혼탁하다. 즐거운 사람은 눈을 원활하게 움직인다. 그래서 시선이 뚜렷하고 눈빛도 촉촉하다. 슬픈 사람은 눈꺼풀 아래가 크고 눈빛에 생기가 없다. 성실하고 자신감이 있는 사람은 눈빛이 단호하다. 사람의 감정은 볼 수도 만질 수도 없지만 눈에서는 감정을 읽을 수 있다. 감성지수가 높은 사람은 눈을 관찰하여 그 사람을 파악한다.

누구나 자신의 목소리 들어주기를 갈망한다. 특히 눈앞에 있는 상대에게만큼은 자신이 중심이길 바란다. 상대의 눈을 보며 경청한 뒤 공감이나 위로와 격려의 호응을 보인다면 상대는 감동받는다. 경청이라는 가장 쉬운 방법으로 당신의 지지자를 확보하는 것이다.

◆ 하버드 심리센터 감성 코칭

경청의 위력은 세다. 누구든지 자신의 말에 귀 기울여주는 사람을 좋아한다.

어차피 상대를 위해 시간을 냈다면 눈을 마주치고 그의 말을 듣자. 그 자체만으로도 상대를 무대의 주인공으로 만들어주는 것이다.

1. 누군가와 만날 때 경청에 방해되는 물건을 치워라(특히 휴대전화).
2. 경청하고 있다는 반응을 보이려면 어떻게 해야 하는지 배워보자.
3. 경청도 습관이다. 평소에 경청하는 연습을 하자.

상대가 말 속에 심은 심리의 비밀 코드를 풀어라

사람의 속마음은 빙산과 같다. 보이는 것은 10%에 불과하고 90%는 볼 수 없다. 감춰진 속마음을 쉽게 드러내지도 않는다. 그러나 절대 관측이 불가능한 것은 아니다. 말의 의미를 파악하면 된다.

상대의 말에 드러난 정보로 그가 어떤 생각을 하는지 판단할 수 있다. 말은 자신을 나타내는 수단이기 때문이다. 자기도 모르는 사이에 복잡한 심리와 기분을 말에 반영한다. 엉겁결에 하는 말이나 단어를 통해 숨기고 싶은 깊은 감정을 드러낸다. 그로 인해 상대방의 '의중'을 알 수 있게 된다. 물론 경청이 동반되어야 가능하다.

처음 대화를 나눌 때 양측은 정중한 표현을 사용하거나 아주 공손한 태도를 보인다. 서로 친해지면 대화를 나누는 자세가 유연해지고 말할 때 단어의 배치도 자유로워진다. 말 속에 자신의 감정을 담는다. 이것으로 상대의 심리와 기분을 식별할 수 있다. 말 속에서 담긴 비밀 코드를 풀고 싶다면 먼저 상대를 편안하게 해주어야 한다.

기업의 구인 담당자는 구직자를 관찰하는 능력이 뛰어나다. 담당자는 먼저 사소한 질문으로 그들의 긴장을 풀어준다. 하지만 그들은 처음에는 적절한 어휘 선택으로 답변을 잘 하지만 시간이 지날수록 자신에게 익숙한 어휘가 튀어나온다. 그럴 때 담당자는 구직자의 심리와 역량을 충분히 관찰하는 것이다. 말투는 사람들의 교양 수준을 짐작할 수 있게 한다. 또한 말투는 사회 계층과 지리적 환경을 드러낸다. 교육 정도가 드러나기도 해서 심리학적인 의미와 가치를 지닌다. 물론 지역에 따라 억양이 다르고 어휘를 특수하게 배치하기도 한다. 성장 환경에 따라 다른 말투와 억양, 독특한 어법이 구사되는 것이다.

말하는 속도의 변화

영화 〈코퀘트〉를 보자. 가난한 출신의 소녀가 상류 계층에 들어가기 위해 말투와 어휘 배치 훈련을 받는다. 사람들이 말로 출신과 이력을 판단하기 때문이다.

말하는 속도는 개인의 성격특성을 보여준다. 장기간에 걸쳐 고착된 것으로 그 사람의 객관적인 자료가 된다. 때때로 말하기 속도가 바뀌기도 하는데 현재의 심리상태와 요구가 정확하게 반영되기 때문이다. 그 예로 말하는 속도가 급격하게 느려졌을 때의 심리 요구를 살펴보자.

◆언어 표현을 더욱 선명하고 명확하게 해서 청자의 오해를 피하기

◆중점을 강조해서 청자에게 깊은 인상 심어주기

◆분노를 표출하고, 한 마디를 하고 멈추어서 상대방에게 경고하기

◆긴장했거나 말이 유창하지 않을 것을 우려하기

◆앞에 했던 말을 전환하여 호응을 유도하기

◆말하면서 생각하고, 동시에 타인에게 깨달음의 시간을 주기

◆분위기를 조성하여 청자가 상상하고 회상하게 유도하기

당신에게 불만을 품고 있거나 적대적인 태도를 지닌 사람은 말할 때 속도를 일부러 늦춘다. 그리고 당신이 듣기에 곤란한 말을 한다. 예외도 있다. 남자가 어떤 여성을 짝사랑할 때 천연덕스럽게 이야기하다가 그 여성이 나타나면 말이 꼬이거나 앞뒤가 맞지 않는 소리를 한다거나 말이 느려진다. 이런 신호는 남자가 그녀를 좋아한다는 암시이다.

가끔 말하기 속도를 늦추는 것은 사태의 심각성을 드러낸다. 슬프거나 안 좋은 소식을 알릴 때 우리는 말하는 속도를 늦추고 목소리를 부드럽게 한다. 상대에게 받아들일 시간을 주는 것이다.

평소 침착하고 느긋하게 말하는 사람이 갑자기 말을 빠르게 할

때가 있다. 상대방의 음량이 뚜렷하게 높아졌다면 끝없는 의심과 비방으로 감정이 격해졌다는 뜻이다. 자기 이익이나 존엄을 지키기 위해 말하는 속도를 빠르게 변경한 것이다.

다른 예로 매일 제시간에 귀가하는 남자가 있다. 하루는 동료의 부추김으로 늦은 밤까지 사무실에서 카드게임을 했다. 그는 집에 돌아오자마자 아내에게 오늘 야근을 했다고 말하면서 어째서 자신에게 이렇게 많은 일을 시키는지 불평을 늘어놓았다. 이때 남편의 말하는 속도는 자연스럽게 빨라진다. 빨리 말을 끝내서 불안함과 두려움을 떨치고 상대방의 의심을 피하고 싶기 때문이다.

억양의 변화

큰 목소리로 말하는 사람은 대체로 명랑하고 쾌활하다. 사람을 진실하게 대하고 숨김없이 말한다. 작은 목소리로 말하는 사람은 자신감이 부족하지만 속이 깊다. 그 사람의 입에서 비밀을 캐내는 건 매우 어려운 일이다. 어쩌면 불가능하다.

말할 때 목소리가 작은 사람은 감정기복의 영향을 크게 받는다. 자신감도 부족하다. 혹은 머릿속이 혼란스러워 작게 말하는 것일 수도 있다. 이야기 주제에 대해 자신이 없다면 목소리가 작아지고 타인의 시선을 피한다.

말할 때 목소리가 큰 사람은 진지하고 꼼꼼하다. 인내심이 있고 머리를 잘 쓴다. 그들은 중간에 모르는 문제를 들으면 곧바로 의문을 제기한다. 목소리가 갑자기 커졌다면 새로 발견한 문제에도 자신이 있다는 것이다. 두 사람 의견이 일치하지 않을 때 목소리 톤을 높인다면 상대방을 압도하려는 의미다. 소리에 억양을 넣어서 다른 느낌을 만들어내는 것이다. 관심을 끌기 위한 욕망과 자기 과시욕을 은근하게 드러내려는 의도이다.

리듬의 변화

말의 리듬도 심리를 드러내는 비밀 코드다. 자신감이 넘치는 사람은 말할 때 리듬 속에 긍정을 담고 있다. 자신감이 부족한 사람이나 성격이 연약한 사람은 말하는 리듬이 우유부단하다. 간혹 “이거 다른 사람에게 말하지 마.”라는 사람이 있다. 타인의 험담이나 결점이 만천하에 퍼지길 내심 바라는 것이다. 어떤 사람은 말할 때 장황하게 늘어놓는 걸 좋아한다. 어떤 사람은 같은 말을 여러 번 반복한다. 다른 사람에게 화제를 빼앗길까 봐 불안한 것이다. 그래서 쉬지 않고 이야기한다. 최대한 이야기를 빨리 끝내는 사람은 반박받는 걸 두려워한다. 일부러 이야기의 결과를 흐릿하게 만든다.

목소리가 단조롭고 리듬이 없다면 상대에게 냉담한 감정을 가졌거나 한마음이 되고 싶지 않다는 표현이다. 정서적으로 불안할 때도 목소리가 단조로워진다. 무료하거나 대답하기 귀찮을 때도 말의 리듬감을 잃는다. 그러나 친한 친구나 친근감 있는 상대와 말할 때는 리듬을 타고 생기발랄해진다.

결론적으로 말투에 담긴 정보량은 상당하다. 감성지수가 높은 사람은 말과 말투로 타인의 기분을 판단하고 정확한 처리 방법을 선택한다. 그로 인해 훌륭한 인간관계를 맺고 유익한 정보를 많이 얻는다. 남보다 쉽게 성공의 영역에 들어서는 것이다.

◆ 하버드 심리센터 감성 코칭

말을 한다는 것은 곧 자신을 고스란히 드러내는 것이다. 겪어보지 않아도 그 사람의 성품이나 성격을 짐작할 수 있다. 말하기 훈련을 통해 상대방이 호감 가질 수 있는 말투로 바꿔보자. 듣기 좋은 음성이나 음색은 사람을 기분 좋게 한다.

1. 자신의 목소리를 녹음해서 들어보자.
2. 자기가 자주 분출하는 심리 상태를 적고 자주 언급하는 단어들을 정리해보자.
3. 위에 적은 단어들을 다른 말로 순화시키거나 고조시키는 단어로 바꿔보자.

대화 상대의 몸동작에는 뜻이 담겨 있다

인간의 심리는 무대로 비유된다. 조명이 비추는 곳이 의식의 초점이라면 빛이 닿지 않는 암흑지대는 심층적인 심리 구역이다. 상대방과 대화 시 이 암흑지대를 알아채지 못하면 상대의 심리를 진정으로 이해할 수 없다. 상대의 암흑지대를 꿰뚫어보려면 말과 함께 표현되는 동작을 이해해야 한다.

하버드 심리센터 연구원은 얼굴을 마주하고 이야기를 나누는 것에만 의존하지 말고 자세나 태도, 위치와 거리 등 많은 방식으로 소통해야 한다고 했다. 정확하게 말하면 인간 교류의 65% 이상이 비언어의 방식인 신체 언어를 통해 진행된다는 것이다. 신체 언어는 무의식중에서 일어나는 진실한 반응이다. 사람들의 특별한 관심을 끌어내지 못하지만 사실상 언어보다 더 많은 정보를 전달한다. 표리부동한 사람은 많지만, 몸을 마음과 다르게 표현하는 사람은 거의 없다.

대화를 나눌 때 무심코 하는 동작을 포착해 상대방의 심리를 알 수 있다. 지금부터 맞은편에 앉은 사람이 어떤 동작을 하는지 살펴보자. 속마음 그대로 말하는 것인지 아닌지 금방 알 수 있다.

한 손으로 턱을 괴고 있다

대화할 때 많은 사람이 이 동작을 취한다. 당신의 이야기가 그를 짜증이 나게 한 것이다. 상대방은 이 화제가 빨리 끝나길 바라고 있다. 자신이 말하고 싶지만 말이 끝나지 않으니 턱을 괴며 스스로 통제하는 것이다. 당신이 그 사람과 이야기를 나누고 싶다면 재미있는 화제를 가지고 찾아가야 한다. 이야기를 나누는 도중에 상대가 턱을 괴기 시작했다면 눈치껏 대화를 끝내거나 그가 흥미를 느낄 만한 화제로 바꾸어라.

끊임없이 손으로 턱을 매만진다

생각하는 걸 좋아하는 사람이다. 자신만의 세계에 빠져 당신의 이야기를 듣지 않은 경우도 많다. 믿지 못하겠다면 상대가 턱을 만질 때 당신이 방금 무슨 이야기를 했는지 물어보라. 이런 사람은 대부분 대화 내용과 무관한 생각을 한다. 그들은 인간관계에서 해가 없지만 예민한 성격을 지녔기 때문에 대화의 소재를 잘 선택해야 한다. 자칫 그들의 신경을 자극할 수 있다.

계속해서 귀를 만진다

이런 사람은 조용한 편이 아니다. 그들은 말하는 걸 좋아하고 청중이 되길 원하지 않는다. 귀를 만지는 것은 당신의 말에 짜증이 나기 시작했다는 뜻이다. 이를 참고 자기 기분을 은연중에 통제하는 것이다. 행동 자체가 진실한 심리를 반영한 것이므로 이때 당신은 말을 멈추고 상대의 의견을 묻는 것이 좋다. 그렇지 않으면 당신의 혀는 헛된 일을 하는 꼴이 된다.

엄지로 턱을 받쳐 들고, 다른 손가락으로 입이나 코를 막는다

대화 중에 상대가 이런 동작을 보인다면 당신과 다른 논조와 관점이 있다는 뜻이다. 하지만 찬물을 끼얹기 싫어 무심결에 입 밖에 나올 것 같은 자기 의견을 누르고 있는 것이다. 그런데 반대로 발언자가 이런 동작을 한다면 거짓말을 하고 있을 가능성이 크다. 그 사람은 이 동작으로 불안한 속마음을 감추려는 것이다.

불시에 손으로 코를 만진다

이는 발언자가 거짓말을 하고 있다는 신호다. 사람은 거짓말을 할 때 무의식중에 불안함을 느낀다. 거짓말은 체내 여분의 혈액이 순간 얼굴에 집중되게 한다. 코의 해면체 구조가 몇 밀리미터 팽창한다. 이때 거짓말하는 사람은 코에 불편함을 느끼고 무의식적으로 만진다. 거짓말할 때 가장 많이 만지는 것이 바로 코다.

시선과 손가락의 방향이 일치하지 않는다

말할 때 눈이 향하는 곳과 손가락이 가리키는 방향이 일치하지 않는다면 사실을 날조하는 것이다. 진심이 아니기에 사지의 반응이 조화롭지 않다. 대화 상대가 이러한 행동을 한다면 그가 한 말을 신뢰하지 마라.

대답과 질문 사이의 시차

대답과 질문 사이의 시차는 생각과 대답의 정도를 반영한다. 심리학에서는 '반응 잠시'라고 부른다. 일반적인 상황에서 반응 잠시가 길수록 대답하는 사람이 진실을 숨기고 있다는 의미이다. 시간을 끌어 진실을 숨길 핑계를 찾는 것이다. 반대로 반응 잠시가 너무 짧고 대답이 빠르면 발언을 사전에 준비했다는 뜻이다. 이 대답은 반론할 수 없을 정도로 완벽하다.

목을 만지고, 눈을 자주 깜빡이고, 입술을 핥는다

이런 강박성을 띤 동작은 자기 발언에 자신 없다는 심리의 반영이다. 자신 없는 발언을 작은 동작으로 덮으려는 것이다. 그에 대한 신뢰를 보류하자. 대신 그에게 편안한 발언 환경을 만들어줘서 긴장을 풀어주자.

심리를 반영하는 동작은 이것 외에도 많다. 한쪽 입꼬리를 들어 올리면 무시하고 깔보는 것을 의미한다. 무의식중에 중지를 내밀면 질문에 대한 위화감이나 적대감이 있다는 뜻이다. 한 걸음 물러나거나 팔짱을 끼는 것은 자신 없는 발언에 대한 방어와 물러남의 자세다. 엉겁결에 자신의 손을 쓰다듬는 것은 스스로 마음을 편하게 하고 긴장을 없애는 행위다.

신체 언어가 상대방의 심리정보를 전달하는 효과는 매우 강렬하다. 하버드 심리센터 연구원들은 신체 언어 표현은 무의식을 반영하기에 일부러 통제하기 어렵다고 말한다. 따라서 말할 때 무심코 하는 작은 동작을 간과해서는 안 된다. 상대를 파악하는 유용한 도구이다. 거꾸로 당신도 파악당할 수 있다.

◆ 하버드 심리센터 감성 코칭

몸동작에 심리 요구가 담긴다. 무의식중에 표현되는 동작을 통해서 대화의 방향과 진실성을 가늠할 수 있다. 상대방의 속마음과 감정을 엿보는 것은 인간관계에서 매우 유리한 고지를 점령하는 것이다. 적당히 나서고 물러서야 할 시점을 알 수 있다.

1. 습관이 되어버린 자신의 몸동작을 점검해보자.
2. 상대방에게 신뢰를 주는 동작을 연구해보자.
3. 상대의 자세를 살펴보며 그가 전하는 심리를 분석해보자.

옷차림이 성격과 심리를 말한다

"옷은 문화의 표상이고 사상의 이미지다."라고 중국의 소설가 궈모뤄가 말했다. 제2의 피부라고 불리는 옷은 몸을 보호하는 기능뿐 아니라 성격과 심리상태를 대변한다. 옷으로 자신을 드러내는 것이다. 사람은 옷을 입고 액세서리를 착용하면서 자아를 노출한다. 개성에 따라 옷차림이 달라지는데 심리상태와 미적 특징 및 성격까지 파악된다. 이렇게 겉모습에 노출되는 자아를 심리학에서는 '확장된 자아'라고 한다.

자연스럽게 꾸밈없이 입는 사람은 침착하고 신중하다. 성실하고 관대해서 업무나 학습에 진지하게 임한다. 원칙을 지켜 일하고 책임감도 크다. 업무를 안정적으로 솜씨 있게 처리하고 떠벌리는 걸 좋아하지 않는다. 매사에 냉정하고 이성적이다. 이들의 단점은 창조성이 없고 매력이 부족하다. 단일한 색의 옷을 자주 입는 사람은 정직하다. 이성적으로 사고하지만 대신 감성적인 면은 부족하다. 연한 색을 자주 입는 사람은 명랑하고 활발하다. 말하기 능력과 태도가 좋은 편이라 인간관계가 원활하다. 짙은 색을 자주 입는 사람은 말하는 걸 그다지 좋아하지 않는다. 매사에 신중하고 속이 깊다. 한편으로는 냉정하고 계획이 주도면밀하여 허튼수작이 통하지 않는다.

다양한 색상과 독특한 디자인을 자주 걸치는 사람은 허영심이 강하다. 다른 사람에게 주목받는 걸 좋아해 자기 드러내기를 즐긴다. 이들은 제멋대로인 경향이 있고 독단적으로 결정하는 특징이 있다. 스스로 똑똑하다고 여기지만 실제로는 엉성한 편이라 일을 망치는 상황이 잦다. 고급지고 화려한 옷을 좋아하는 사람은 허영심이 매우 강한 사람이다. 과시 욕구와 금전욕도 강한 전형적인 물질숭배자다. 동시에 히스테릭한 성격을 가졌을 가능성도 있다.

유행하는 스타일을 자주 입는 사람은 품위를 중시하지만, 자신만의 주장이나 명확한 심미관이 없다. 이들은 감정기복이 크고 줏대 없이 이쪽저쪽에 빌붙는 성격이다. 옷차림을 선택할 때는 자신이 좋아하는 옷을 주로 입는다. 외부의 간섭을 받지 않는 사람으로 독립심이 강하고 뛰어난 판단력과 결정력이 있다. 자주성과 끈기가 매우 강한 편이라 정해진 목표를 달성하기 위해 잠시도 쉬지 않는다.

비슷한 옷을 자주 입는 사람은 대부분 직설적이다. 쾌활하고 자신감도 넘친다. 이들은 단정하고 시시비비를 분명히 가리는 성격이다. 일할 때 진지하게 임하되 과감하게 결정해서 몹시 명쾌해 보인다. 의리도 중요하게 생각하고 언약을 잘 지킨다. 그러나 간혹 오만하다. 이들은 자의식이 비교적 강해서 웬만해선 입장을 잘 바꾸지 않는다.

자주 옷을 갈아입는 사람은 여성성의 비율이 높다. 옷이 너무 많아서 하루에 몇 번이나 갈아입을 수 있다. 이들은 뽐내는 걸 좋아하고 까다롭다. 사람을 대할 때 진지함은 부족하지만 일 처리에는 완벽주의자다.

소매가 없는 옷을 좋아하는 사람은 자유분방하고 방탕하다. 이들은 목표가 크지 않다. 눈앞의 이익을 중요하게 여기고 향락주의적 색채가 있다. 마음 내키는 대로 하며 낡은 것을 고수하지 않는다. 누가 뭐라고 해도 자기방식대로 처리한다. 한계를 깨부수고 참신한 것을 좋아한다. 자의식이 비교적 강해서 호불호로 모든 것을 판단한다. 그들은 정당한 이익에 손해를 보는 순간 정의를 되찾기 위해 타인에게 관용을 베풀지 않는다.

긴 소매를 자주 입는 사람은 보수적이고 규율을 지키려고 한다.

새로운 것에 배척하는 태도를 보이고 창조 정신이 없다. 이들은 명성과 지위를 좇아 이상을 높게 잡는다. 괴로움과 고생을 잘 견디고 적응 능력이 비교적 강해서 어려운 조건에서도 사업을 일구어내 사람들의 존중을 받는다. 이런 부류의 사람은 주로 지도자가 되려고 한다. 칭찬받는 것을 좋아하며 타인이 보는 이미지를 상당히 중요하게 여긴다. 자기 행동에 신경 쓰고 옷도 무게 있게 입는다.

품이 넓은 옷을 좋아하는 사람은 대부분 내향적이다. 그들은 자의식이 특히 강해서 '나'를 중심에 둔다. 괴팍하고 혼자 다니는 걸 좋아한다. 간혹 외로움을 느끼고 타인과 교제하지만 타인의 결점과 부족함을 받아들일 수 없어서 결국 고독자가 된다. 일 처리에 자신감은 부족하지만 똑똑하고 독특한 견해를 가지고 있다. 딱 붙는 옷을 좋아하는 사람은 옷은 구속적으로 입지만 실제 성격은 개방적이고 얽매이는 게 없다. 구속받는 걸 싫어해서 반항심이 자주 일어난다. 이런 부류의 사람은 비교적 깔끔한 것을 좋아하고 일상생활도 단정하다. 여성의 경우 매우 부드럽고 동정심이 강하다.

옷 입는 것을 신경 쓰지 않는 사람은 기밀성과 논리가 부족하다. 반면 실력은 뛰어나다. 그들은 긍정적이고 책임감이 있다. 친절하고 일할 때 말하는 대로 지키는 편으로 시작과 끝맺음이 있다. 단점은 체면을 중요시해서 다른 사람으로부터 자신의 단점 지적받는 것을 무척 싫어한다. 체면을 깎는 사람에게 보복 심리를 갖는다.

이런 부류의 사람과 접촉할 때는 신중해야 한다. 그들은 속이 좁은 편이다.

그밖에도 외모적인 단점을 가리기 위해 어떤 부분의 치장을 중요하게 여기는 사람도 있다. 예를 들어 외모에 자신이 없는 여성은 초미니스커트를 입어서 남성들의 시선을 끌려고 한다. 탈모가 심한 일부 남성은 화려한 신발과 양말을 신어서 머리로 시선을 끌지 않는다. 상황에 따라 기호가 바뀌는 사람도 있다. 선택을 거치지 않고 옷을 입는 사람도 있다. 정서가 불안한 데 원인이 있다. 그들은 일상에서 벗어나 변화가 풍부한 삶을 살길 바란다. 일종의 현실도피이다.

옷은 종류와 스타일이 너무 많다.

개인마다 선호도가 다르고 기분이나 시간에 따라 옷의 취향도 변한다. 단순히 옷 한 벌로 상대방의 진실한 의도를 판단하는 것은 불가능하겠지만 적어도 지금 옷차림새로 어떤 신호를 받을 수는 있다. 이런 신호는 현재 심리상태와 아주 큰 관계가 있다. 상대를 더 잘 알 수 있는 방법이 될 수 있으므로 사회생활에 도움이 될 수 있다.

◆ 하버드 심리센터 감성 코칭

상황과 위치에 따라 그에 따른 복식을 갖춰야 한다는 것은 상식이다. 옷차림으로 예의와 격식을 차리고 상대에 대한 존중을 표한다. 또한 인상을 좌우하기 때문에 인간관계 형성에 중요한 요인이 된다. 그러므로 자신의 감성을 충분히 발휘할 수 있는 옷차림으로 자신을 표현해보자.

1. 자신이 좋아하는 색과 자신에게 어울리는 색을 알아보자.
2. 자신이 선호하는 취향의 옷은 어떤 종류인가.
3. 상대의 옷차림에서 느껴지는 성격을 분석해보자.

표정은 속마음을 표현하는 거울이다

인간의 감정은 표정에서 드러난다. 기쁜 일이 생기면 안면 근육이 자연스럽게 풀어진다. 속상한 일이 생기면 울상을 짓는다. 때론 표정이 언어보다 속마음을 뚜렷하게 전달한다. 하지만 표정으로 타인의 마음을 읽는 건 다소 어려움이 있다.

하버드 심리센터 연구원은 분노, 두려움, 유혹, 무관심, 행복, 슬픔의 6가지 감정을 사람들이 어떻게 표현하는지 실험했다. 캠코더로 녹화를 한 다음 어떤 감정을 표현한 것인지 맞추게 했다. 그 결과 평균 2가지 표정만 맞혔다. 표정만으로는 상대방의 심정을 간파하기 어렵다는 해석이 나온다.

예를 들어 비즈니스 회담에서 상대가 웃음을 머금고 당신의 이야기를 듣고 있다. 수긍하는 표정이 얼굴에 드러났을 때 당신은 비즈니스가 성공했다고 판단한다. 하지만 예상과는 달리 그는 "매우 좋군요. 하지만 저희는 이번엔 안 될 것 같아요. 죄송합니다."라고 완곡한 말로 사양할 수 있다.

표정이 속마음을 반영하는 거울이라고도 하지만 감정이 격앙돼 있어도 아무렇지 않은 척하거나 일부러 반대되는 표정을 짓는 경우도 많다. 그의 진심을 알려면 상대방이 표정 아래 감춘 진실한 감정을 찾아내야 한다. 그 심리를 헤아리는 것은 관측자의 감성지수가 얼마나 높으냐에 달려 있다.

어느 노련한 백과사전 판매 담당자는 이렇게 말했다.

"저는 거래 성사 여부가 결정되는 중요한 순간에는 눈 한 번 깜빡이지 않고 상대의 얼굴을 주시합니다. 또 상대방과 마주앉기보다는 옆에 앉는 걸 선호합니다. 옆에 앉으면 상대방 얼굴 근육 변화를 비교적 쉽게 볼 수 있어서 그의 의중을 파악할 수 있습니다. 거래처에서는 일부러 표정 변화를 드러내지 않으려고 매우 흥미로운 표정을 짓습니다. 저는 이런 세부적인 부분을 포착하고 상대방의 내심을 꿰뚫는 방법으로 그에 걸맞은 판매 수단과 협상 기교를 채택합니다."

미국의 한 연극학교에서는 어떤 감정을 끓어오르게 한 다음, 얼굴로는 평온한 표정을 만들어내는 훈련을 한다. 세찬 분노의 감정이 소용돌이치는 마음을 억누르고 웃는 얼굴로 사람을 대하는 이 표정 훈련은 굉장히 힘들다고 한다. 학생들은 표정에 노이로제까지 걸린다는 것이다.

어떤 사람은 자기감정을 억누르기 위해 무표정으로 일관하기도 한다. 상대의 언행이 불만스러워 매우 분노하면서도 겉으로는 표현을 하지 않는 것이다. 하지만 그 무표정한 얼굴을 자세히 관찰하면 안색이 나쁘다는 걸 발견할 수 있다. 이런 사람은 질책하거나 난처하게 만들어서는 안 된다. 얼굴색이 창백하고 안면에 경련이 인다면 "요즘 기분이 별로군요. 좋지 않은 일이 있으면 서슴없이 말해주세요."라고 말하는 게 좋다.

상대방의 얼굴에 갑자기 경련이 일어난다면 그 사람의 깊은 의식 속에서 격렬한 감정 충돌이 일어나고 있다는 뜻이다. 생기 없는 얼굴은 관계가 침체 상태로 빠지고 있다는 걸 암시한다. 이때는 흉금을 털어놓듯 의견을 교환하고 오해를 푸는 자리를 마련해야 한다.

무관심한 표정에서도 호의인지 애정인지를 드러낼 수 있다. 특히 여성은 노골적으로 자신의 애정을 표현하지 않는다. 오히려 상반된 표정을 짓고 신경 쓰지 않는 척한다. 표면상의 무관심은 뼛속에서는 굉장히 신경 쓰고 있다는 걸 의미한다.

적대감과 반감에 빠졌을 때 자기감정을 고스란히 드러내면 안 된다. 상대방에게 불쾌함을 줄 뿐만 아니라 관계에 위기를 맞는다. 더 나아가 사회에서 용납되지 않는 파괴적 행위를 보이기도 한다. 심리학의 '반동형성'은 거짓 웃음을 짓고 친절한 태도를 만들어내는 것을 일컫는다.

가장 좋은 예는 부부싸움이다. 불화가 최고조에 이르면 불쾌한 표정은 점차 소실된다. 대신 이상하리만치 느긋한 표정으로 격식을 차린다. 이혼을 제기한 부부가 차분하고 예의 바를수록 이는 타협할 수 없을 만큼 사이가 벌어졌다는 의미이다.

한 기자는 연예계 부부의 사이가 좋은지는 TV 예능 프로그램을 보면 알 수 있다고 한다. 그들이 계속해서 즐거운 표정으로 화목한 상황을 강조할수록 그 부부는 위기일발이라는 것이다. 표면상의 화목은 불화의 가면에 지나지 않는다.

많은 사람들은 자기감정을 감추려 한다. 일종의 자기 보호다. 정반대의 표정으로 감정의 파동을 감추며 자신의 진실한 생각을 드러내지 않는다. 표면적인 꾸밈에 현혹되지 말자. 표정의 미세한 변화를 관찰하여 진실한 감정을 헤아려야 한다. 상대의 의중은 말과 표정에 담겨 있다.

◆ 하버드 심리센터 감성 코칭

우리는 얼굴에 표정이라는 가면을 쓴다. 난처한 상황이나 감정이 통제되지 않을 때는 표정 관리부터 한다. 상대에게 자기 심리를 들키고 싶지 않은 까닭이다. 그러나 연기자가 아닌 이상 그 표정이 자연스러울 리 없다. 만약 상대가 표정 관리하는 것이 느껴진다면 다음에 약속을 잡아라. 평정을 되찾은 상태에서 이야기해야 진솔해진다.

1. 거울을 보며 표정을 연습해보자(다른 사람의 눈에 자신이 어떤 모습으로 보이는지 알 수 있다).
2. 감정에 따라 달라지는 자신의 표정을 살펴보자.
3. 표정에 드러난 감정을 감추는 연습도 필요하다.

습관처럼 따라붙는 입버릇은 개성이 아니다

입버릇은 어떤 일이나 사물에 대한 견해를 보이는 반응이다. 고정적인 언어 반응 패턴으로 비슷한 상황이 나타났을 때 무의식중에 튀어나온다. 무의식의 심리 표현인 것이다. 그래, 싫어, 짜증 나 죽겠어, 진짜 재미없어 등의 입버릇은 개인의 주관적 색채와 개인적 특색을 지니고 있다.

'당연히, 반드시, 꼭'을 사용하는 걸 좋아하는 사람

냉정하고 이성적이다. 자신감이 넘쳐서 자기 말을 신뢰한다. 다른 사람에게 인정받고 상대방을 충분히 설득할 수 있다고 믿는다. 주로 관리자의 위치에 있는 사람이 이런 입버릇을 가지고 있다. 일처리 태도와 주도적 역할이 무의식적으로 반영되기 때문이다.

'솔직히, 진짜, 거짓말이 아니라'를 말하는 사람

이들의 속마음은 초조하고 불안하다. 다른 사람이 자신을 오해할까 두려워하는 것이다. 타인의 평가에 민감하고 신뢰와 인정을 받길 바라서 거듭 '거짓말이 아니야'라는 말로 진실성을 강조한다.

'아마도, 어쩌면 대략'을 입에 달고 사는 사람

이들은 자기방어 의식이 매우 강하다. 웬만해서는 속마음을 털어놓지 않는다. 보류와 여지를 남기는 말로 자기 퇴로를 준비해둔다. 말할 때 절대적이지 않고 공격과 수비를 둘 다 할 수 있는 책략을 취한다. 이들은 냉정하지만 인간관계는 양호한 편이다. 더 많은 이익을 위해 사소한 것을 양보하는 것을 의미하므로 정치에 종사하는 사람이 자주 사용한다.

'누가 그러던데, 듣건대, 듣는 바로는'으로 발언을 시작하는 사람

보고 들은 것은 많지만 판단력이 부족한 사람이다. '누가 그러던데'와 같은 단어로 자기 발언에 융통성을 부여한다. 처세를 원만하게 유지하면서 퇴로를 준비하는 것이다. 이들은 판단력이 부족해서 심리적 갈등을 자주 일으킨다.

말에 항상 '응, 어, 이게, 그게'가 따라다니는 사람

어휘량이 부족하거나 생각이 느려서 형성된 입버릇이다. 어조사를 넣음으로써 단어를 조합할 충분한 시간을 번다. 말실수를 두려워해서 입버릇으로 간헐적인 사고를 한다.

'그러나, 하지만, 그런데' 등 전환의 어휘를 자주 쓰는 사람

이런 사람은 제멋대로인 경향이 있다. 전환성 단어를 사용하는 것은 일종의 자기 보호이다. 단호한 부정이기 때문에 상대에게 쌀쌀한 감정을 주지는 않는다. 대중적인 곳에서 이런 표현을 자주 들을 수 있다.

종종 '답답하다'라고 말하는 사람

정말로 답답한 것이 아니라 심적 스트레스를 풀기 위해서 사용한다. 현대인은 스트레스가 많고 심적 변화가 빠르기에 이런 부정적인 입버릇으로 자신의 고통을 털어놓는다. 바쁜 도시 직장인이 자주 사용한다.

'이번에 망했어, 정말 끝났어'를 좋아하는 사람

이는 방어 심리 기제이다. 자신과 현실 관계에서 긍정적인 변화를 모색하는 것이다. 좋지 않은 결과를 쉽게 받아들이려는 심리적 작용이다. 불행한 일이 발생하기 전에 미리 입으로 나쁜 결과를 강화해서 상처가 불러올 긴장과 괴로움을 약화하려는 것이다.

입버릇은 심리적 특징과 일 처리 대응 태도를 반영한다. 입버릇은 한 번 형성되면 일정 시간 동안은 바꾸기 어렵다. 자기도 모르게 튀어나온 입버릇으로 발언의 질을 떨어뜨리기도 한다. 듣는 사람이 어떻게 받아들이느냐에 따라 자기 이미지에 영향을 준다. 입버릇과 표현하고자 하는 것이 관련 없다면 최대한 피하는 것이 좋다.

◆ 하버드 심리센터 감성 코칭

긍정의 입버릇과 부정의 입버릇이 있다. 추임새처럼 말의 앞과 뒤에 특정 단어를 꼭 붙이는 사람도 있다. 정작 자신은 그것을 잘 인지하지 못한다. 입버릇이 상대의 감정을 자극할 수 있다. 불필요한 오해를 불러오기도 한다. 입버릇을 고치도록 노력해보자.

1. 당신의 입버릇은 무엇인가?
2. 입버릇을 무의식중에 말했다면, 입버릇을 빼고 그 문장을 다시 말해보자.
3. 입버릇을 고치려면 풍부한 어휘력을 갖도록 노력하자.

입장 바꿔 생각하면 안 보이던 것이 보인다

역지사지는 상대의 입장에서 상황을 바라보고 이해하는 것이다. 양쪽 의견이 불일치할 때 문제의 해결방법으로 사용하면 좋다. 상대를 이해하기 위한 접근이다. 단순히 입장만 바꿔 생각하고 이해했을 뿐인데 상대는 존중받는다고 생각한다.

일 처리에서도 상대의 견해를 고려하면 좋다. '내가 그 사람이었다면 어떻게 했을까?', '내가 그라면 무엇을 바랄까?'라고 생각해보자. 이런 사고방식은 심리를 꿰뚫어보기에 유리하다. 도움을 줄 수 있고 위로와 격려도 적절하게 건넬 수 있다. 상대는 자신을 알아주는 당신에게 감동하여 인연을 귀하게 여길 것이다. 소통이 원활하게 되기 때문에 둘의 유대감 형성에도 도움이 된다.

사업에 성공한 남자가 친구를 찾아갔다. 남자는 일상과 직장에서 중압감이 크다고 말했다. 자신이 해야 할 일과 많은 업무량 등 매일 하는 과도한 책임을 상세히 설명했다. 그러면서 자신만의 시간이 없다고 하소연했다. 인내심을 가지고 경청하던 친구가 물었다.

"매일 아주 무거운 짐을 감당해야 하는데 어째서 설명할 때 시종일관 즐거운 표정이야?"

남자의 업무가 많긴 했다. 하지만 그것은 오히려 그의 자부심이었다. 자신이 중요하고 능력 있는 사람임을 우회적으로 내보인 것이다.

다른 사람을 이해하고 싶다면 한 가지 원칙을 지켜야 한다. 자신이 본 것과 느낀 것으로 판단하되 상대방의 문제를 총괄하지는 말아야 한다. 조언은 주관적 느낌을 직언하는 것이 아니라 객관적 사실을 표현하는 것이다. 역지사지로 생각해보라. 정말 상대가 듣고 싶은 말이 무엇인지 알 수 있다. 어떤 사람의 안색이 창백하다면 피곤해서일 수도 있고 아프거나 화장을 창백한 모습으로 했을 수도 있다. 진짜 원인은 상대가 직접 말하게 해야 한다.

"오늘 되게 지쳐 보인다." → "오늘 얼굴이 창백하다."

"너 오늘 무언가 불안하고 초조해보여." → "오늘 가만히 앉아 있지를 못하는구나."

"오늘은 왜 또 화가 났어." → "오늘은 입담이 조금 별로네."

"오늘 남자친구랑 데이트하는구나." → "오늘 되게 예쁘게 입었다."

나의 주관적 판단으로 상대방의 상황을 진단해버리면 상대는 스트레스를 받는다. 마지못해 불필요한 해명과 변명을 늘어놓을 것이다. 상대는 "나 좀 혼자 있게 해줘."라고 말하고 싶지만 불필요한 오해를 불러오는 것이 싫어서 자기 입장을 설명한다. 속으로 짜증을 감춘 채 말이다.

정확하게 다른 사람의 심리를 알고 싶다면 역지사지로 생각하자. 자기 관점으로 발견한 현상을 해석하지 마라. 당신의 판단은 상대의 상황과 부합하지 않을 가능성이 많다. 잘못 말했다가 상대를 어색하고 난처하게 만들 수 있다. 감성지수가 높은 사람은 이런 실수를 범하지 않는다.

미국의 경영학자 메리케이는 유명한 강연을 들으러 갔다. 평소 강연자를 매우 존경했던 메리케이는 그분과 악수를 하고 싶었다. 하지만 그녀가 두 손을 내밀었을 때 상대방은 일어서서 나가버렸다. 메리케이는 심한 상처를 받았다. 그녀는 이 일을 계기로 매사에 역지사지를 적용했다.

수많은 사람의 동경의 대상이 된 지금 그녀는 강연에 참석한 사람들과 악수하는 기회를 소중히 여긴다. 사람들이 자신의 친절과 진실을 느낄 수 있도록 노력한다. 지치고 피곤하면 상처받았던 때의 기억을 떠올린다. 무심코 한 실수가 다른 사람에게 상처가 될 것을 걱정하는 것이다. 그 결과 메리케이는 지금까지 청중의 열광적인 사랑과 존경을 받고 있다.

사람들은 때때로 자아를 잃어버린다. 자신의 정확한 자리도 찾지 못하고 남들보다 현저하게 부족한 사람이라고 여긴다. 잃어버린 자아는 타인과의 교제에도 악영향을 준다. 이는 겸손이 아닌 자기를 과소평가하기 때문에 일어나는 불상사이다.

역지사지는 자아를 관리할 수 있는 중요한 힘이다. 자신에게 문제점이 있다면 상대의 입장에서 요구되는 사항을 생각해보자. 그것이 파악되면 자신을 개선할 수 있다. 부족한 점은 노력하고 타당하지 않은 부분에서 생각을 전환시키는 것이다. 타인의 요구에 부응하면 대인관계에 자신감이 생긴다. 그러나 상대가 진실한 반응을 보이지 않는다면 쌍방의 교류 상황도 개선될 수 없다.

◆ 하버드 심리센터 감성 코칭

다른 사람의 각도에서 문제를 생각하면 관점이 달라진다. 타인에 대한 이해를 높이고 갈등 요인을 줄일 수 있다. 포드 자동차의 헨리 포드는 "성공의 비결이 있다면 그것은 상대의 입장에서 문제를 해결하는 겁니다."라고 말했다. 감성 능력을 기르기 위해 역지사지의 도리를 깨달아야 한다.

1. 현재 당면한 문제를 역지사지로 생각해보자.
2. 자기 주변 인물들을 생각하며 그들에 대한 자신의 감정을 적어보자.
3. 자신과 부정적 감정이 있는 사람들의 입장에서 자기를 평가해보자.

남을 위해 산다는 것은 쉬운 일이어서 누구나 잘하고 있지만,
이번 기회에 나는 여러분에게 자기 자신을 위해 살도록 요청한다.

에머슨

PART 4

감정의 주인이 되자

Harvard's 100-Year

Traditional Emotion Class

✦ ✦ ✦

인간의 감정은 오색찬란하다. 기쁜 일을 만나면 얼굴에 웃음꽃이 피고 너무 기쁜 나머지 덩실덩실 춤을 추기도 한다. 하지만 공격을 받게 되면 의기소침해진다. 화가 머리끝까지 치밀어 마음의 평정을 잃는다. 감정에 통제당하고 싶지 않다면 감정의 지배자가 돼야 한다. 긍정적인 감정을 방출하고 부정적인 감정을 제어하는 법을 익히자. 건강하고 성공한 인생길이 펼쳐진다.

감정과 건강은
맞물려 돌아간다

감정은 인간의 생리 활동에 영향을 준다. 즐거울 때는 눈웃음을 치고 싱글벙글 웃지만 상심했을 때는 통곡하고 눈물을 흘린다. 화가 나면 눈을 부릅뜨고 이를 부득부득 간다. 부끄러우면 혈관의 피의 속도가 빨라져 얼굴과 귀가 빨개진다. 또한 이러한 생리 상태는 기분에 영향을 미친다. 건강한 신체는 긍정적 기분을 만들어내지만 몸이 불편하면 부정적으로 변한다. 전날 휴식과 수면을 충분히 취했다면 아침 기분이 매우 상쾌해 노래를 흥얼거리면서 세수하고 머리를 빗는다. 잠을 설친 사람은 아침에 신바람나기가 어렵다.

미국에서 깜짝 놀랄 사건이 발생했다. 주변 사람들과 잘 지냈던 예의 바른 청년이 가족과 행인들에게 총을 난사한 것이다. 사상자가 30여 명에 이르는 참극이었다. 경찰에서는 범행 동기를 밝혀내지 못했지만 나중에 법의학자가 그 원인을 찾아냈다. 청년은 정수리에 종양이 있었다. 대뇌 속 감정을 담당하는 조직에서 병변이 일어나 그를 피에 굶주린 살인마로 만든 것이었다.

심리학자 파블로프는 감정과 건강의 연관 관계를 연구했다. 강아지에게 원형을 보여줄 때는 먹을 것을 주었고 타원형을 보여줄 때는 전기 충격을 가했다. 며칠이 지나자 강아지는 조건 반사를 시작했다. 원형을 보면 기뻐하며 꼬리를 흔들고 침을 흘렸다. 타원형을 보면 긴장하고 두려워하며 도망갈 준비부터 했다.

나중에 파블로프는 원형을 조금씩 타원으로 바꾸고 타원형을 조금씩 원형으로 바꿨다. 도형의 변화를 눈치 채지 못한 시기에는 원래 도형에 상응하는 반응을 보였다. 그러나 두 가지 원형이 점점 비슷해지고 구분하기 힘들어지자 강아지는 두려움에 떠는 불안함을 보였다. 혼란스러워진 강아지는 개집 안을 제멋대로 돌아다니면서 크게 짖어댔다. 식욕 부진과 근육 경련이나 구토 등의 증상까지 보였다. 시간이 지난 후에는 피부가 건조해지면서 탈각, 탈모, 궤양 등의 증상이 나타났다. 심지어 갑상선 종양, 방광암, 폐암 등 각종 질병이 생겨났다. 장기간 두려워하고 불안해하면 병이 유발된다는 입증이다.

감정과 건강은 긴밀한 관계가 있다. 양호한 심리상태는 인체의 생명 활동에 긍정적인 작용을 한다. 면역력을 강화해 건강하고 장수하게 만든다. 하지만 부정적 심리는 신체 상태를 악화시킨다.

하버드 가정경제학자는 부정적인 감정이 체내 영양소 흡수에 악영향을 준다는 사실을 발견했다. 근육은 평소보다 1~2배 많은 영양소와 산소를 소모한다. 동시에 많은 노폐물을 배출하는 내장기관은 더 열심히 일하기 때문에 산소와 영양소를 소모해야 한다. 그래서 심장이 격하게 뛰고 피가 빨리 흐르게 된다.

고대 중국에도 감정이 건강에 영향을 미친다는 의견이 있다. '내상칠정內傷七情' 설이다. 기쁨, 노여움, 근심, 그리움, 슬픔, 두려움, 놀람의 7가지 감정이 과도할 때 생리적 질병이 발생한다는 것이다. 중국 고대 의서 《황제내경》에 "화는 간을 상하게 하고, 그리움은 비장을 상하게 하고, 근심은 폐를 상하게 하고, 두려움은 신장을 상하게 한다."라는 기록이 있다.

현대 의학 전문가들도 연구를 통해 사람의 심리상태가 좋지 않을 때 체내의 피질 스테로이드 함량이 증가한다고 했다. T림프구의 기능 저하를 불러 면역 글로불린 항체를 억제하고 백혈구 활동을 방해해서 항체 활동 능력을 떨어뜨린다는 것이다. 그로 인해 신체 면역력이 떨어져 질병이 발생한다.

장시간 우울한 사람은 소화액 분비가 대량으로 감소한다. 감소한 소화액은 위벽을 자극해 식사량을 급격하게 줄인다. 소화액이 줄고 영양소를 분해하고 합성할 소화 효소의 부족으로 체내에 영양공급이 어렵게 된다. 그 결과 체내에 영양소가 결핍되고 생리적 불편함이 생긴다. 생리적 불편함은 심적 불편함을 가중시키고 우울증을 더 심화시킨다. 악순환이 반복되는 것이다.

두려움도 마찬가지다. 사람들은 두려움이라는 부정적인 감정에 통제당할 때 긴장한다. 초조해하고 문제를 회피하는 모습을 보인다. 진화학에서 보면 두려움은 인간의 자율적인 반응이다. 원초적 기억으로 선사시대부터 인간의 생사존망과 관련된 위험이 있는 곳을 상기시켜준다. 경계심을 갖도록 일깨워준다.

감정은 인간의 진보를 인도한다. 하지만 공황을 포함한 원초적 감정의 진화 속도는 매우 더디다. 시대발전에 따라가지도 못한다. 두려운 감정이 필요하지 않을 때조차도 여전히 신경을 차지하고 있으며 우리 삶을 좌우한다. 판단을 방해하는 부정적인 힘으로 작동되는 것이다. 두려움과 작별하는 3가지 방법을 알아보자.

자극 전이

사람은 어떤 자극을 받으면 심하게 긴장한다. 이게 두려움이다. 두려움을 없애는 첫 단계는 자극체를 보지 않거나 접촉을 피하는 것이다.

점진적 수용

신체 상태가 양호할 때는 자극을 받아들일 수 있는 용기가 생긴다. 습관이 되면 두려움이 없어진다.

직 면

두려움을 긍정적이고 적극적으로 마주하면 없앨 수 있다. 사람들과 교제하는 것에 두려움이 있다면 자신을 갖고 대담하게 다가서라. 만약 무언가에 대한 두려움을 가지고 있다면 뿌리부터 시작해서 두려움의 근원을 분석하고 부정적인 감정을 깨부숴야 한다.

부정적인 감정의 억제는 쉽지 않다. 그렇다고 부정적 감정에 좌우될 수도 없다. 본질을 이해하면 극복할 방법이 보인다.

◆ 하버드 심리센터 감성 코칭

신체와 정서의 긍정적인 감정상태는 저항력을 증강시킨다. 부정적인 감정은 신체에 해를 가한다. 건강을 생각해서라도 좋은 기분과 좋은 감정을 유지해야 한다.

1. 자신을 기분 좋게 하는 것들을 생각하자.
2. 아침, 오후, 저녁으로 나누어 좋은 기분을 유지할 수 있는 생각들을 정리하자(요일별로 해도 좋다).
3. 두려움을 느끼고 있는 것이 있는가. 그것을 종이에 써서 찢어버리자(약간 도움이 된다. 한 번으로 안 되면 두 번 이상 해본다).

감정을 통제하면 행복의 문이 열린다

"행복한 여인은 누구와 결혼하든 행복하다."라는 이치는 남자도 마찬가지다. 행복한 남자는 누구와 결혼하든 행복하다. 그렇다면 어떤 사람이 행복한가? 이에 대한 의견은 분분하지만 한 가지 분명한 사실은 감정에 휘둘리는 사람은 아니라는 점이다. 인품이나 사회적 지위와 상관없이 감정기복이 심한 사람은 행복을 감지하는 능력이 떨어진다.

아내가 주방에서 설거지를 하고 있다. 피곤한 표정과 달그락거리는 소리에서 그녀의 스트레스와 불만이 느껴진다. 남편이 그녀에게 따뜻한 차를 건넨다. 꽤 낭만적이고 감동적인 장면이 연출될 거란 예상과 달리 천성적으로 불행한 아내는 남편에게 고함쳤다.

"괜한 호의 베푸는 척하지 마세요!"

역시 천성적으로 불행한 남편은 고개를 숙인 채 거실로 나와야 했다. 따뜻한 차는 아내의 원망과 함께 순식간에 식어버렸다.

"나한테 차를 마시라고 주는 거야? 차라리 건드리지나 말지. 난 왜 이렇게 불행한 거야! 온종일 착취당하고 있는데 도와주기는커녕, 왜 건드리냐고!"

싱크대의 물소리가 멈출 때까지 아내의 원망은 계속됐다. 아내가 진정으로 필요한 건 따뜻한 차가 아니라 가사를 분담해줄 사람이었다. 그렇지만 나쁜 감정을 남편에게 다 쏟을 필요는 없었다. 원망은 행복이 들어갈 공간을 내주지 않는다. 한줄기 행복마저 원망이 집어삼켜버렸으니 두 사람의 결혼생활에 즐거움이 있겠는가.

감정을 통제할 수 있어야 한다. 때때로 감정은 행복의 킬러로 돌변해서 잔인하게 자기 행복을 죽이기도 한다. 감성지수가 낮은 사람은 감정적이 되는 순간 불쾌한 말을 서슴없이 내뱉는다. 사람을 다치게 하고 무모하게 큰 실수를 저지른다. 감정이 격해진 순간 이성적인 통제가 거의 불가능해진다. 그렇다면 감정적인 행동은 어떻게 통제할 수 있을까?

적절하게 옮기기

감정과 행동을 부정적인 감정과 무관한 쪽으로 옮기는 방법이다.

- **유쾌한 일 회상하기** 기분 좋은 여행이나 즐거운 성공 등 자신이 경험했던 일들을 회상하라. 회상하는 상황은 마주하고 있거나 앞으로 마주해야 할 상황에 기초해야 한다. 현재와 관련된 즐거운 경험은 불쾌함이나 불만족을 크게 줄인다.
- **음악 듣기** 음악의 멜로디에서 정서적 긴장이 풀리고 기분이 상쾌해진다.
- **좋아하는 일하기** 어떤 일이나 감정으로 괴로울 때 잠시 거기서 몸을 빼고 좋아하는 활동이나 게임을 하자.
- **적극적으로 일하기** 역경에 처했거나 무시당해서 우울할 때 흥미 있는 일이나 사업에 전력을 쏟아라. 인정받고 상황을 개선하면 억눌렸던 기분이 한층 위로 올라간다.
- **운동하기** 적정량의 운동은 긴장을 풀어준다. 5분 동안 가볍게 걸으면 활력이 생긴다. 이외에도 운동할 때 신체는 즐거움을 느끼게 해주는 호르몬을 생성한다.

적절히 해소하기

역경에 처해 있을 때 나쁜 감정이 생긴다. 나쁜 감정을 장기간 억누르면 감정적인 행동이 일어나기 쉽다. 감정을 적절하게 해소하면 심신 건강에 유익하다. 불쾌한 일이나 억울함이 있을 때 절대 마음에 눌러두지 말자. 친구나 가족에게 하소연해보자. 아무도 없는 곳에 가서 크게 소리 내 울어도 좋다. 후련하게 털어놓으면 우울한 기분을 풀 수 있다. 홀가분하고 기분이 좋아진다. 나쁜 감정을 쌓아두면 언제 뛰쳐나와 당신 행복을 망가뜨릴지 모른다.

자기 암시

부정적인 감정이 생겨난 원인을 모를 때는 자기 암시를 통해 기분을 풀 수 있다.

◆**자기 위로** 자기 이상을 실현할 방법이 없을 때 실의에 빠진다. 이 때는 자기 위로가 최상의 효과를 낸다. 실패한 원인을 찾아서 자신을 위로해보자. "포도를 먹지 못하기 때문에 포도가 시다고 말한다."라는 말처럼 간혹 자기를 합리화시키는 정신승리법도 필요하다.

◆**말로 일깨우기** 언어는 신기한 마력을 지니고 있다. 감정이 격앙되었을 때 혼잣말을 하면 기분이 풀린다. 스스로에게 '침착하자.', '화내지 말자.', '나에게 신경 쓰자.' 등을 말해보자. 별거 아닌 것 같지만 기분을 억제할 수 있다. 자신의 약점을 알고 있다면 거기에 맞는 말로 일깨워보자. 예컨대 '분노 조절하기, 침착하기, 세 번 생각하기' 등을 써서 책상머리나 벽에 걸어두는 것이다.

냉정하게 분석하기

부정적인 감정이 생겼을 때 냉정한 분석으로 해결방법을 찾는다.

◆**추리 비교** 어려움을 여러 방면에서 냉정하게 분석하자. 다른 사람의 경험을 객관적으로 비교하고 성공의 돌파구를 찾자.

◆**사회를 알고 낙관적인 기분 유지하기** 인생은 십중팔구 마음먹은 대로 되지 않는다. 사회에 존재하는 각종 모순을 정확하게 알고 대처하는 법을 배우자. 뜻대로 되지 않는 일을 낙관적으로 대할 수 있고 비관적이고 우울한 기분을 극복할 수 있다. 좌절에 맞닥뜨려도 기가 꺾이지 않는다. 중도에 포기하지 말고 비관과 절망의 늪에도 빠지지 말자.

불행한 운명을 타고난 사람은 아무도 없다. 스스로 마음의 문을 닫지 마라. 행복의 신이 들어오도록 문을 열어두라. 자기감정을 바꾸면 운명도 바뀐다. 행복하기 위해서는 생각보다 많은 것이 필요하지 않다.

◆ **하버드 심리센터 감성 코칭**

1. 감정별로 자신만의 감정 통제 방법을 만들어보자.
2. 감정을 통제할 수 있는 자기 암시 주문을 만들자.
3. 부정적인 감정을 해소할 수 있는 자신만의 비법을 생각하자.

권태를 불러오는 번아웃 심리를 탈피하라

자기 능력을 넘어선 요구가 충족되지 못할 때 육체적 정신적 피로 상태가 발생한다. '번아웃 증후군Burnout Syndrome'이다. 최근 몇 년 동안 번아웃 증후군이 주요한 화두가 되었지만 이런 부정적인 감정은 의욕 상실을 넘어 개인의 발전에 걸림돌이 된다. 어떻게 해야 부정적인 감정의 영향을 줄일 수 있을까? 여기에는 개인의 노력과 자기 조절뿐만 아니라 심리의 개입이 필요하다.

올해 35살인 조지는 디자이너다. 처음 디자인 일을 시작했을 때 그는 열정으로 가득했다. 여러 선배에게 가르침을 구하고 휴식시간을 이용해 틈틈이 공부했다. 하지만 7년이 지난 지금의 조지는 일에 대한 열정이 한풀 꺾였다.

“콘셉트는 다른데 디자인은 다 똑같아. 매일 반복적으로 구상하고 디자인하는데 이게 기계적인 행동이 되었어. 막 일을 시작했을 때와 비교해서 능력은 올라가지 않고 오히려 떨어지고 있어. 이젠 마음을 내려놓고 일을 할 수가 없을 정도로 초조해.”

조지의 심리는 직장인이 갖는 보편적인 현상이다. 새로운 돌파구를 찾지 못할까 봐 아니면 사회에서 낙오될까 봐 걱정하며 초조한 일상을 보내는 것이다.

하버드대학을 졸업한 시걸은 노력만으로 혁혁한 ‘광고제국’을 일구어냈다. 그러나 해마다 직원들의 이직률이 높아졌다. 시걸은 이 문제를 장기적이고 심층적으로 연구했다. 직원들은 입사 초기부터 이직할 계획이 있는 건 아니었다. 근무 기간이 길어지면서 권태로운 감정이 생기고 결국 참지 못하고 이직했던 것이다. 심각한 번아웃 증후군 심리였다.

시걸은 효과적인 감정 조절 방법을 채택했다. 직원들의 권태로운 심리를 제거하는 데 도움을 주기 위해서였다. 현재 이 방법은 여러 기업에서 사용하고 있다. 당신도 번아웃 증후군 심리를 해소하고 싶다면 다음의 방법을 시도해보자.

목표를 조각화한다

목표를 이루는 길은 탄탄대로가 아니다. 언제 어디서든 가시덤

불을 만날 수 있다. 목표가 지나치게 높아서 달성할 수 없다는 생각이 들면 부정적인 감정이 생긴다. 아무리 노력해도 달성할 수 없다는 권태 심리까지 일어난다. 그런데 목표를 조각화하면 이 감정을 조절할 수 있다. 전체 목표를 여러 개의 작은 목표로 세분화하자. 목표를 하나하나 실현해나가면 자신감이 생기고 계속 전진할 원동력이 생긴다.

시선을 적당하게 분산시킨다

사람들은 반복되는 행동에서 지루하고 권태로움을 느낀다. 따분한 생각을 다른 측면으로 돌리면 혁신적인 도전을 실현할 수 있다.

끊임없이 자기계발을 한다

고정적인 환경과 변하지 않는 상태는 권태로움 그 자체다. 새로운 지식과 사물을 접하면 부정적인 기분이 풀린다. 지속적인 자기계발은 자기 소질과 능력을 향상시킨다. 시야와 지식의 범위를 넓히면 권태로운 감정의 그늘에서 벗어날 수 있다.

정서를 완화시킨다

다른 각도에서 문제를 보는 것이 효과적이다. '이런 업무는 전망이 없어.', '지금의 생활이 짜증나.'와 같은 생각은 권태로운 감정만 불러온다. 현재 상태를 당장 바꿀 수 없다면 그대로 받아들이자. 그리고 다른 각도에서 장점을 보자. '현재의 업무는 안정적이야.', '현재의 생활은 평범하긴 해도 썩 나쁘진 않아.'와 같이 긍정적인 생각이 대뇌에 전송되면 낙관적인 기분이 든다. 권태로운 기분을 제거하는 데 아주 효과적이다.

◆ 하버드 심리센터 감성 코칭

매일 똑같은 하루가 반복된다는 느낌은 지루함을 준다. 벗어나고 싶다는 욕망을 싹틔우고 도발을 꿈꾸게 한다. 권태로움은 전염력이 있어 모든 생활의 권태로 번져간다. 이에 따라 충동적 선택을 하게 되고 나중에 후회한다. 당신도 예외가 될 수 없다. 조심하라.

1. 번아웃 증후군 심리가 무엇인지 명확하게 알자.
2. 소소한 목표를 설정하고 생활에 리듬을 주자.
3. 휴일에는 무조건 일상을 탈출해보자.

조급함의 굴레에서 벗어나야 성공을 낚는다

짐은 삼촌과 낚시를 하러 갔다. 그는 첫 낚시로 몹시 흥분한 상태였다. 낚시 경험이 많은 삼촌은 물고기가 나올 장소를 훤히 꿰뚫고 있었다. 낚시터에 다다른 짐은 재빨리 낚싯줄을 내던지며 물고기가 미끼를 물기만을 간절하게 기다렸다. 그런데 한참이 지나도 아무런 기척이 없자 짐은 실망하고 말았다. 그런 짐을 보며 삼촌이 격려해주었다.

"조금만 더 참고 기다려보렴."

그때 갑자기 찌가 사라졌다.

"드디어 물었다. 낚아채!"

짐은 낚싯대를 확 잡아당겼다. 하지만 딸려 나온 것은 수초였다. 그 이후로도 계속해서 낚싯대를 던졌지만 아무것도 낚지 못했다.

의기소침한 짐은 삼촌에게 간절한 눈빛을 보냈다.

"한 번 더 해보렴. 낚시는 인내심이 있어야 해."

잠시 후 다시 한 번 찌가 물속으로 사라졌다. 짐이 얼른 낚싯대를 위로 들어 올리자 멋진 물고기 한 마리가 햇살 아래 펄떡펄떡 뛰어올랐다.

"삼촌! 제가 물고기를 잡았어요!"

짐은 뛸 듯이 기뻐하며 소리쳤다.

"좋아하긴 아직 이르다."

삼촌은 차분하게 말했다. 그의 말이 끝나기도 전에 발버둥치던 물고기가 낚싯줄이 끊어지며 물속으로 사라져버렸다. 짐은 성공의 눈앞에서 실패를 맛보았다. 상심한 짐은 풀밭에 주저앉아버렸다. 삼촌은 새로 낚싯바늘을 묶고 미끼를 달아준 다음 낚싯대를 짐의 손에 쥐어주었다. 그리고 다시 한 번 운을 믿어보자고 말했다.

"명심하거라. 마음이 들뜨면 물고기를 낚지 못한단다. 물고기가 이미 미끼를 물었어도 아직 기슭으로 올리기 전이다. 들뜬 마음으로 이미 물고기를 낚았다고 떠들고 나면 성과 없이 헛수고일 가능성이 있다. 나는 많은 사람들이 너처럼 어리석은 일을 저지르는 걸 수도 없이 보았단다."

인생은 낚시하는 과정과 같다. 성공하려는 사람에게는 인내심이 필요하다. 눈앞에 있는 기회를 놓치지 않으려면 조급함에서 벗어나야 한다. 하지만 매순간 이성적으로 일을 처리하는 건 매우 어렵다. 그들은 종종 자기 기대대로 일이 진행되기를 원한다. 현실 세계에 적응하지 못하고 주변 환경을 받아들이지 못하면서 최종 결과에도 승복하지 않는다. 안타깝지만 조급함은 감성지수가 낮다는 증거다. 감성지수가 높은 사람은 마음이 평온하고 성실하게 삶을 살아간다. 인생의 이상을 실현하기 위해 한 걸음씩 착실하게 걸어가는 것이다.

원자폭탄의 아버지 오펜하이머는 한 대형 체육관에서 강연하기로 했다. 강연 당일 오펜하이머의 강연을 기다리는 사람들로 체육관이 꽉 채워졌다. 마침내 막이 열렸다. 무대 중앙에는 거대한 쇠구슬이 철 골조에 걸려 있었다. 열띤 박수와 함께 오펜하이머가 나오자 두 명의 스텝이 커다란 쇠망치 갖다 놓았다. 진행자는 관중을 향해 입을 열었다.

"두 명의 건장한 지원자를 무대 위로 모십니다."

청년들은 서로 지원했다. 한바탕 소동이 벌어진 후 동작이 빠른 두 명의 청년이 무대 위로 뛰어올랐다. 오펜하이머는 두 사람에게 커다란 쇠망치로 쇠구슬을 때려서 흔들리게 해보라고 말했다.

그중 한 청년이 전력을 다해 쇠망치를 휘둘렀다. 하지만 귀를 진동하는 소리만 울릴 뿐 쇠구슬은 미동도 하지 않았다. 연달아 쇠구슬을 내리치던 그는 금세 기진맥진하여 숨을 헐떡였다. 또 다른 지원자가 쇠망치를 건네받아 열심히 쇠구슬을 때렸지만 역시 꼼짝하지 않았다.

무대 아래의 반응은 잠잠해졌다. 관중들은 쇠망치로 치는 것은 소용이 없다는 걸 인정했다. 오펜하이머는 주머니에서 작은 망치를 꺼내 거대한 쇠구슬을 끊임없이 리듬감 있게 두드렸다.

10분이 지나고, 20분이 지났다. 청중들은 소란스러워지기 시작했다. 쇠구슬을 두드리는 소리에 불만을 토로했다. 하지만 무대 위의 오펜하이머는 여전히 작은 망치로 쇠구슬을 두드렸다. 그는 사람들이 무어라 소리치든지 듣지 않았다. 관중들은 분개하며 떠나기 시작했다. 대략 40분 정도 두드렸을 때 갑자기 앞에 있던 사람이 소리쳤다.

"구슬이 움직였다!"

사람들은 정신을 집중하여 그 쇠구슬을 보았다. 자세히 보지 않으면 알아차리지 못할 정도지만 정말로 작은 폭으로 움직이기 시작했다. 오펜하이머는 계속 두드렸다. 마침내 쇠구슬은 점점 더 흔들리기 시작했고 철 골조는 이내 쾅쾅 소리를 냈다. 거대한 위력에 박수 소리가 체육관 내에 터졌다. 오펜하이머가 뒤돌아 작은 망치를 주머니에 넣었다. 그리고 그날 강연을 한 문장으로 끝냈다.

"성공을 기다릴 만큼 충분한 인내심이 없다면 실패를 마주하는 수밖에 없습니다."

조급할수록 성공에 이르지 못한다. 이는 절대 부정할 수 없는 사실이다. 불안과 경솔함으로 인해 맑은 정신을 잃는다. 조급해해서는 아무것도 얻지 못한다. 일단 멈추고 무엇이 문제인지 냉정하게 생각해보자. 높은 산 정상에 오른 사람도 한 걸음씩 내딛었기에 가능했다.

기억하자. 조급해하면 물고기를 낚을 수 없다! 조급함의 굴레에서 벗어나야만 큰 물고기를 낚는다. 성공 역시 마찬가지다!

◆ 하버드 심리센터 감성 코칭

무엇이 당신을 뛰게 하는가? 무엇이 당신을 조급하게 하는가? 무엇 때문에 당신은 그리 좌불안석인가? 생각해보자. 서두르다 지나치고 급하게 처리하다 놓친다. 조급해서 못 보고 지나치고 놓친 것이 당신의 운명을 바꾸는 '그 무엇'이다. 최대한 인내하라.

1. 기다려야 할 것들의 목록을 작성해보자.
2. 서두르다 놓친 것들은 무엇인가?
3. 당신이 낚을 목표의 기간은 얼마나 잡고 있는가? 충분한가?

분노의 출구를 찾아두어라

영국의 생리학자 존 헌터는 성격이 급한 사람이었다. 장기간 분노한 채로 있어 몸에 이상 증후가 빈번하게 나타났다. 그는 "날 죽이고 싶은 사람이 있다면 나를 화나게 하면 됩니다."라고 말하기도 했다. 그는 아주 사소한 일로 아내와 크게 다투었다. 그 다툼으로 존 헌터의 심장에 문제가 생겼다. 의사는 심장병을 진단했다. 그 일이 있고 난 뒤로 아내는 남편을 격노하게 할까 봐 조마조마했다. 두려움에 떨며 말이나 행동을 조심스럽게 했다.

며칠 후 학술교류회에서 존 헌터는 한 교수와 관점에 차이가 생겼다. 이에 노여움을 억제하지 못한 그는 책상을 두드리기 시작했다. 변론이 확대되면서 그는 쓰러져 의식을 잃었다. 응급처치를 했지만 죽음을 막지 못했다. 분노가 그를 돌아올 수 없는 길에 이르게 한 것이다.

존 헌터처럼 자제력을 잃고 노발대발하는 사람은 지속적으로 감정을 축적했다는 연구 결과가 있다. 거절이나 모욕, 무례한 행동으로 끓어오른 분노의 잔류물이 성격 형성에 영향을 미친다는 것이다. 이런 잔류물이 장기간 축적되면 조바심을 내는 상태가 고조된다. 그리고 마지막 지푸라기를 놓치면 자제력을 잃고 화를 낸다. 이 과정에서 자신을 통제하지 않으면 폭력을 행사하고 상해를 입힌다.

심리학에서 화는 나쁜 감정이자 부정적인 기분이다. 마음을 울적하고 시무룩하게 만들어 감정의 교류를 방해한다. 답답함과 죄책감 때문에 상대방의 실망을 초래하기도 한다. 관련 의학 자료는 분노가 고혈압과 위궤양을 유발하고 불면의 고통을 준다고 표명했다. 쉽게 화를 내는 사람은 암과 신경쇠약에 걸릴 가능성이 크다는 통계 결과도 있다. 분노는 인체에 있는 심리 바이러스로 중병에 이르게 하고 쓰러지면 다시 일어나지 못하게 한다. 감정에서 가장 끔찍한 폭군이 분노인 것이다.

화를 잘 내는 사람은 결코 참아낼 수 없는 도화선을 하나씩 갖고 있다. 언제든 화에 불을 당길 준비가 된 상태이다. 그로서는 발끈한 이유가 분명하지만 일반적으로 볼 때 설득력이 없는 경우가 많다. 냉정하게 보면 화낼 가치가 없는 일에 화를 내는 것이다.

분노로 격앙된 감정은 힘이 강하다. 이성을 제압하고 절제를 거부한다. 타인을 다치게 하고 자신도 다치게 한다. 건전한 마음을 가진 사람은 이유 없이 화를 내지 않는다. 그가 내는 화에는 명확한 이유와 타당성이 있다. 분노의 건설적인 출구를 찾아보자. 이 출구는 감성 지능을 활용해야만 실현할 수 있다.

쿨 타임을 남겨두자

분노의 지속시간은 12초다. 이 12초는 거대한 재난과도 같아서 폭발하는 순간 모든 것을 때려 부술 수 있다. 분노가 서서히 치밀어오를 때 냉정할 수 있는 시간을 관리해야 한다. 격한 감정이 빚어지고 있다는 걸 의식했을 때 바로 3~5번 정도 심호흡을 하고 속으로 1~10까지 숫자를 세자. 어느 순간 분노가 가라앉는다.

유머를 배우자

재미있는 말이나 사건으로 활짝 웃으면 순간적으로 기분이 좋아진다. 마음도 편안해진다. 유머러스한 기분을 유지하기 위해 주변의 재밌는 사물을 관찰하자. 관심을 유쾌한 곳으로 옮기면 효과적으로 분노를 조절할 수 있다. 유머는 인생의 조미료와 같아서 맛이 짙어지면 화를 내는 시간은 자연히 줄어든다.

이성적으로 분노를 조절하자

사람은 자제력을 잃으면 화를 낸다. 하버드 심리센터 연구원은 '화를 가라앉힌다'라든가 '분노를 조절하다'라는 경고성 단어를 써서 언제든지 볼 수 있는 곳에 붙여두라고 했다. 강렬한 감정적 자극을 받을 때 경고 문구를 보면 냉정해질 수 있다.

하버드대학 의과대학원에서는 충동적인 감정에 휩싸여 감정조절에 실패한 행동은 비이성적인 행동 체계의 종합적 표현임을 밝혔다. 다시 말해 감정적 충동이 강해지면 개인의 행동은 이성의 통제를 받지 못한다는 것이다. 이에 대한 대비책으로 '침착하기'를 제안했다. 냉정한 사고가 상황을 효과적으로 처리할 수 있다는 것이다.

감정의 '지연작전'이다. 경솔하게 '검은 소용돌이'에 빠지지 않도록 스스로 방어하고 통제하는 방법이다. 충동적인 감정이 생겼을 때 대뇌에 기쁨을 전송하면 대뇌는 빠르게 흥분하여 나쁜 감정이 생기는 것을 막아준다. 감정이 격앙되었을 때는 과격한 행동이 나타나기 쉽다. 이때 암시를 이용한 전이법으로 긴장을 풀어주고 충동을 조절할 수 있도록 연습하자. '침착해'라든가 '조금 더 생각해보자'라는 말로 자신을 다독여준다. 이런 언어적 암시는 단시간 내에 자신을 진정시키는 데 도움이 된다.

타인과 갈등이 생겼을 때 덮어놓고 피하는 것은 현명한 처사가 아니다. 도대체 왜 이런 상황이 되었을까? 어떤 방법으로 해결할 수 있을까? 원인과 방법을 차분하게 생각해보자. 갈등을 처리해야 충동감정의 재발을 막을 수 있다. 또한 인내심을 키울 수 있는 취미를 가져라. 꽃꽂이나 다도, 서예 등은 기질을 키울 뿐만 아니라 여가활동에도 유용하다. 인내심이 충분히 갖춰지면 합리적인 감정 조절이 가능해진다. 충동과 같은 부정적인 감정이 발생하는 것을 효과적으로 피할 수 있다.

《성경》에서도 "함부로 화를 내지 않는 사람은 용사보다 낫다."라고 했다. 남을 해치는 바보가 되지 않으려면 나쁜 성격을 당장 조절하자.

◆ 하버드 심리센터 감성 코칭

분노와 충동적인 감정은 파괴성을 지녔다. 우리는 충동적인 감정이 일 때 돌이킬 수 없는 일을 저지르고 후회한다. 효과적인 조치로 충동적인 감정을 조절하자. 자기감정의 시행착오를 막기 위해 필수적으로 시행해야 한다. 연습과 훈련으로 충동이 일어나는 횟수를 줄일 수 있다.

1. 자신이 참아낼 수 없는 것들은 무엇인가 생각해보자.
2. 자신만의 건전한 분노 표출 방법을 연구하자.
3. 자기 기분을 전환시키는 힐링 포인트를 찾아라.

걱정과 불안은 가능한 멀리 내쳐라

중세시대에 한 장군은 독특한 방법으로 포로들을 고문했다. 그는 포로의 눈을 가리고 의자에 앉힌 채 몸을 묶었다. 그리고 그들 옆에 큰 양동이를 놓고 위에서 물이 한 방울씩 떨어지도록 했다. 양동이 위로 물이 떨어지는 소리는 무기로 사람을 때리는 소리처럼 들렸다. 포로들은 끊이지 않는 그 소리에 결국 정신을 잃고 말았다.

인간의 걱정은 끊임없이 떨어지는 물방울 소리처럼 온전한 정신을 잃게 만든다. 극단적으로는 자살에 이르게도 한다. 시시각각 변화하는 세상에서 무력감을 자아낸다. 높은 현실의 벽 앞에서 자존감은 무너지고 미래에 대한 걱정은 끝없이 이어진다. 걱정에서 헤어 나오지 못한다면 걱정이 당신을 사지로 몰고 가는 중이다.

낙천적이었던 한 어머니에게 불안장애가 찾아왔다. 하루는 그녀가 혼자 운전해서 백화점에 갔다. 쇼핑을 즐긴 그녀가 가방을 가지고 주차장에 도착했을 때 차 옆에 경찰 몇 명이 있는 걸 보았다. 자신이 무슨 잘못을 저질렀는지 알 수 없어서 혼란스러워진 그녀는 순간 머릿속이 하얘졌다. 한참을 멍하니 바라보다가 딸에게 전화를 걸었다.

"지금 백화점 주차장으로 빨리 와! 경찰들이 내 차를 둘러싸고 있어. 무슨 일이 일어났는지 모르겠어! 빨리 와!"

어머니는 초조하게 전화에 대고 소리쳤다. 회의 중이었던 딸은 다급하게 백화점 주차장으로 차를 몰았다. 딸이 도착했을 때 어머니는 창백한 얼굴로 불안에 떨고 있었다. 딸은 경찰들에게 어떻게 된 일인지 물었다.

"우린 그냥 서 있었어요. 무슨 일이죠?"

두 번째 사건은 집에서 발생했다. 딸이 아이를 낳자 부모님은 매일 손자를 어르면서 즐겁게 하루를 보냈다. 아직 돌이 되지 않은 아이의 손톱이 외할아버지의 얼굴에 생채기를 내게 되었다. 남편의 얼굴을 본 그녀는 외손녀에게 말했다.

"외할아버지 볼을 물어버리렴!"

이제 막 치아가 나기 시작한 아이는 무엇이든 물어버리는 시기였다. 외할머니의 말에 아이는 외할아버지의 얼굴을 물어버렸고

잇자국이 생겼다. 이유도 모르고 당한 남편은 아내에게 이게 무슨 짓이냐며 버럭 화를 냈다. 이에 아내는 당당하게 말했다.

"흥! 남들이 제가 당신을 괴롭혔다고 생각하게 할 순 없어요. 그럼 제 평판이 나빠지잖아요! 누군가가 물으면 당신은 이 잇자국을 보여주세요."

또 한 번은 유행성 독감으로 병원에 입원했을 때의 일이다. 그녀는 의사가 진료기록부에 느낌표를 표시한 것을 보고 죽을병에 걸렸다고 확신했다. 딸은 어머니가 보는 앞에서 간호사에게 진료기록표의 느낌표가 무슨 의미인지 물었다.

"수액을 맞아야 한다는 뜻인데, 왜 그러시죠?"

불안이 엄습하고 나쁜 감정이 생기면 어떻게 해야 할까? 어떤 사람은 감정을 억눌러야 한다고 말한다. 나쁜 감정을 비밀처럼 간직하고 드러내지 말라는 것이다. 이것은 올바른 방법이 아니다. 감정은 쌓아둘 수 없다. 게다가 아무리 잘 감춘다고 해도 나쁜 감정은 사라지지 않는다.

억지로 감정을 억누르는 행위는 감정의 퇴화를 가져온다. 겉으로 감정을 조절하는 것처럼 보이지만 실제로는 감정을 내면으로 옮긴 것뿐이다. 차라리 배출구를 찾아 바로 털어놓아라. 그래야 감정의 제방이 터지는 것을 막을 수 있다.

감정의 풍부함은 인생에서 중요한 사항이다. 생동적인 감정이 풍부하다면 일상에 즐거움이 깃들어 화를 내지 않는다. 인생의 희로애락을 얼굴에 드러내는 것 자체가 나쁜 것은 아니다.

물론 감정을 억압하는 것으로 문제를 잠시 해결할 수 있다. 하지만 임시방편일 뿐이다. 결국에는 마음의 문이 닫힌다. 다른 사람에게 무관심해지고 폐쇄적으로 변해간다. 점차 진실한 자아를 잃어버리는 것이다. 무턱대고 이성을 강조하고 감정을 억누르면 무거운 심리적 부담을 지게 된다. 억눌렸던 감정이 기지개를 펴는 순간 어떤 영향을 끼칠지 모른다.

노벨 의학상 수상자 알렉시스 카렐은 "고민에 대적할 줄 모르는 사업가는 단명한다."라고 말했다. 이 근거는 병원에서 찾아볼 수 있다. 완벽한 치료가 불가능한 고혈압, 심장병, 위장병, 심리 질환 등의 원인이 스트레스와 관련 있다는 것이다.

처칠은 전쟁터에서 매일 18시간씩 일했을 때 "나는 너무 바빠서 걱정할 시간이 없습니다."라고 말했다. 무엇인가 걱정될 때 오직 그것만 생각할 필요가 없다. 바쁘게 지내라. 그러면 피가 돌기 시작하고 당신의 생각도 예리해진다.

'바쁘게 지내는 것'으로 걱정을 내쫓아버릴 수 있다. 심리학에서 한마음을 둘로 쓸 수 없다는 것은 상식이다. 그러므로 걱정으로 짜증이 날 때는 다른 할 일을 찾아보자. 마음의 병이 한가해질 것이다.

◆ 하버드 심리센터 감성 코칭

감성지수는 정기적으로 부정적 에너지를 배출한다. 나쁜 감정이 생기면 반드시 털어놓을 경로를 찾아보자. 부정적인 감정들이 더는 당신을 괴롭히지 않도록 하는 것이 좋다. 스스로 감정을 마비시킬 필요는 없다. 감정이란 억압되고 분출구가 없어 체내에 축적되면 부정적인 에너지를 발산한다.

1. 나쁜 감정을 발산할 수 있는 일들을 준비해두자.
2. 한 가지 생각에 집착될 때, 기분 전환용으로 볼 수 있는 유쾌한 영화 한 편을 정하자.
3. 만나면 즐겁고 유쾌해지는 친구를 곁에 두자.

긴장은
일을 그르치게 하는 방해꾼이다

아테네 올림픽 다이빙 남자 3M 스프링보드 결승전 때의 일이다. 중국의 펑보와 왕커난은 큰 점수로 앞서고 있었다. 마지막 점프에서 작은 실수를 한다고 해도 금메달은 떼놓은 당상이었다. 처음 올림픽에 출전한 왕커난은 결승전 진출이 기쁘면서도 두려웠다. 그런데 마지막 선수로 다이빙보드에 선 그는 어처구니없게도 곧장 물속으로 뛰어 들어가는 실수를 범했다. 당시 해설위원이었던 전 다이빙 세계 금메달리스트 슝니는 이런 실수는 다이빙 선수에게 절대 일어날 수 없는 일이라고 했다. 왕커난은 평정심을 잃어버린 탓에 올림픽 금메달을 눈앞에서 놓쳤다.

부정적인 감정상태를 감지한 즉시 스스로 조절했더라면 어땠을까. 감정을 조절하고 감성지수를 높이는 것은 장기간에 걸쳐 점진적으로 변화한다. 그 과정에서 혹독한 시련과 위력이 우리를 당혹스럽게 만들 수 있다. 다음 몇 가지 방법을 시도해보자.

심호흡

갑작스럽게 긴장하는 사람을 위한 방법이다. 극도의 긴장을 느낄 때 곧바로 눈을 감고 편안한 자세로 깊이 호흡한다. 하나, 둘, 셋을 세며 깊고 충분하게 숨을 들이마신다. 그리고 천천히 고르게 내쉰다. 몇 번 반복하면 긴장이 어느 정도 풀어진다.

우스꽝스러운 표정짓기

거울이나 다른 반사체를 가지고 있다면 거기에 대고 입을 비뚤어지게 해보자. 입술을 비틀고 코를 들어 올리고 사팔뜨기로 눈을 뜨는 등 우스꽝스러운 표정들을 짓는다. 안면 근육이 풀어지면서 신경을 다른 쪽으로 옮길 수 있다.

정신 승리

중국의 작가 루쉰의 소설 《아큐정전》의 아큐가 사용한 방법이다. 그는 "나는 평소 늘 최고야, 내가 잘하지 못하면 다른 사람들도 당연히 못 할 거야."라고 말한다. 이 말을 들으면 어느 정도 평정을 찾을 수 있다. 감정에 영향을 받는 사람에게 도움이 된다.

야외 활동

긴장한 정서는 체내에 대량의 열에너지를 생산해낸다. 이때 걷기나 조깅 같은 가벼운 운동이나 몸 흔들기와 발차기 등으로 몸을 움직이면 열을 방출하고 부정적 감정을 완화시킬 수 있다. 효과가 과학적으로 증명된 방법이다.

눈을 감고 마음을 가라앉히기

눈을 감고 최대한 자신의 뇌를 멈추게 해보자. 혀를 천장에 대고 코로 숨을 들이쉬며 마음을 가라앉힌다.

응시하기

어떤 물체를 계속 관찰해보자. 보이는 색깔과 모양을 세심하게 분석하면 부정적인 일에 머물러 있던 신경을 옮길 수 있다.

한가하게 시간 보내기

과장되고 재미있는 만화를 보거나, 음악을 듣거나, 포복절도하게 하는 영화나 TV 프로그램을 시청해보자. 유쾌함으로 감정이 고조될 것이다. 그로 인해 우월감과 자신감을 회복할 수 있다.

자기 암시법

"나는 충분히 준비했으니까 반드시 성공할 수 있어.", "긴장하고 걱정하는 건 아무런 의미가 없어."와 같은 말을 자신에게 해주자.

일치법

주위 사람들의 상태를 관찰하여 자신에게 적용하자. 기분이 좋지 않은 사람에게서 마음의 평정을 찾고 기분이 좋은 사람에게서 좋은 감정을 느끼자.

연상법

예전의 성공을 떠올리고 푸른 하늘과 하얀 구름, 산들바람이나 흐르는 물처럼 기분 좋게 만드는 풍경을 생각하자.

체계적 둔감화

달성하고자 하는 효과와 받아들이기 두려운 결과를 하얀 종이에 열거하자. 감정이입의 정도에 따라 순위를 매겨라. 정도가 낮은 두려움부터 대면하며 "그래도 하늘은 무너지지 않아."라고 말하자. 성취하길 바라는 것에는 "못 하더라도 지금보다 나쁘지는 않아."라고 말하면 좋다.

우리는 부정적인 감정을 융통성 있게 조절할 줄 알아야 한다. 속전속결로 근원적 사건을 찾고 이를 해결해야 한다. 때론 살짝 회피해서 긍정적인 부분으로 신경을 옮겨보자. 감정이 어느 정도 좋아지면 부정적인 감정도 시원하게 처리할 수 있다.

◆ 하버드 심리센터 감성 코칭

자기감정관리 방법을 다양하게 연구하자. 감정을 관리할 줄 알면 자신에 대한 인지 정도도 덩달아 올라간다. 동시에 감성지수도 향상된다. 어디 그뿐인가. 즐거움이 더해지는 하루를 보내고 긍정의 기운이 당신 곁에 머물게 할 수 있다.

1. 경쟁자가 있다면 비교하지 말고 공통점과 차이점을 찾아보자.
2. 자신이 가장 긴장하는 상황을 왜 그런지 설명해보자.
3. 긴장의 원인은 무엇인가? 긴장함으로 유발될 수 있는 실수는 무엇인가?

PART 5

감성지수와 신뢰는 비례한다

Harvard's 100-Year
Traditional Emotion Class

감성지수가 높은 사람은 타인에게 강한 영향력을 행사한다. 능숙한 의사소통으로 윗사람이나 아랫사람, 친구나 동료, 교제하는 대상에게 높은 인기를 얻는다. 인간관계에서 성취감을 맛보는 것은 보너스다.

더불어 사는 기쁨을 누려라

인간은 감정 교류를 통해 우정을 얻는다. 왕성한 교류는 건강한 삶을 유지하도록 돕고 살아가는 데 강력한 힘이 된다. 성공은 신념에 의지하는 것만으로는 부족하다. 성공했을 때 공유하고 좌절했을 때 함께 나누는 심리적인 균형이 뒷받침되어야 한다.

인간은 태어나면서부터 대인관계가 시작된다. 가족이 생기고 또래와 교제하면서 사회경험을 쌓는다. 사회생활에 필요한 지식과 기능을 배우고 태도나 윤리를 습득한다. 자신이 속한 곳에서 인정받으며 성숙해지는 것이다. 사회에서 벗어난 개인은 진정한 인간으로 발전하기 어렵다.

1920년 인도에서 늑대 아이가 발견되었다. 카말라는 태어난 후

늑대와 함께 생활하다가 8살에 인류 사회로 돌아왔다. 그녀는 인간 언어를 쓰지 않고 울음소리를 냈다. 지능도 낮았다. 과학자들이 보살피고 훈련시켰음에도 불구하고 사회화되지 못했다. 목숨이 다한 17살까지 언어를 배우지 못했고, 지능도 4살짜리 꼬마 수준에 머물렀다. 사람들 간의 교류가 인간의 발달에 얼마나 중요한지 깨닫게 하는 예시다.

개인에게 주어진 체력이나 정신력에는 한계가 있다. 필연적으로 다른 사람의 도움이 필요하다. 조화롭고 양호한 대인관계를 확립할 때 성공도 가능하다. 중국에는 "형세가 불리하면 제후에게 연락하라."는 말이 있다. 그리고 한 경제학자는 "실력이 부족하면 다른 사람의 기차에 자신의 객차를 걸어라."라고 말했다. 모두 협력의 중요성을 언급한 것이다. 현대사회는 분업화되고 경쟁은 치열해졌다. 개인의 힘만으로는 성공하기 어렵다. 주위 사람들의 힘을 빌려야만 더 유려한 삶을 창조할 수 있다.

자기 일이나 목표를 추진할 때 완강한 태도와 고집스러운 정신력은 매우 유리하다. 하지만 누구나 자기역량이 닿지 않는 어려움을 만나게 마련이다. 이때 원활한 대인관계는 당신 앞에 놓인 장애물을 깨끗하게 제거하는 데 힘을 보태준다. 좋은 대인관계를 맺고 협력하는 법을 배우면 빨리 성공할 수 있다. 천재도 모든 것에 정통할 수는 없다.

우리는 서로 모르는 낯선 관계에서도 호감을 갖고 친구가 되거나 반대로 적대관계가 되기도 한다. 대인관계에서 물리적 거리는 친근함과 소원함에 영향을 준다는 연구 결과가 있다.

하버드 심리센터 연구원은 한 남성에게 두 명의 여성과 동시에 대화하는 실험을 진행했다. 1번 여성은 50㎝ 떨어진 곳에 있고 2번 여성은 2.4m 떨어진 곳에 서 있게 했다. 대화가 끝나고 남성이 누구에게 더 호감을 느끼는지 조사했다. 대부분 50cm 떨어진 곳에 있는 1번 여성에게 더 호감을 느꼈다. 거리가 가까울수록 상대를 파악하기 유리하다는 점이 작용한 것이다.

인간관계와 인지과정에는 공통된 한 가지 경향이 존재한다. 자신에게 비교적 친근한 사람에게 더욱 가까워지려는 것이다. 심적 안정감을 느끼기 때문이다. 거절당하는 걸 원하는 사람은 없다. 사람들은 거만하고 도도한 사람보다 쉽게 친해질 것 같은 사람과 가까워지려고 한다.

로렌은 로스앤젤레스 출신의 경험이 풍부한 커리어우먼이다. 그녀는 생활 리듬을 늦추고 소속감을 얻기 위해 서남부의 작은 마을로 이사했다. 그녀는 마을과 마을 주민들을 좋아했지만 자신이 환영받지 못한다는 기분이 들었다. 아무리 생각해도 원인을 알 수 없던 그녀에게 한 주민이 귀뜸해주었다. 그녀의 말투와 태도가 현지인들에게 거리감을 준다는 것이다.

로렌은 자신의 옷차림과 말하는 방법을 바꾸기 시작했다. 편안한 옷을 입고 현지인과 현지의 사정에 관해 이야기를 나누었다. 여러 사교활동에 참여해 자신이 더욱 접근하기 쉬운 사람이라는 점을 어필했다. 서서히 그녀에게 새로운 이웃과 동료들과 생겨났다.

사람들은 자신과 마음이 통하고 이익이 일치하거나 소속이 같은 사람을 '자기 사람'으로 생각한다. 다른 조건이 비슷한 상황이라면 자기 사람과의 교제를 효과적으로 이끈다. 상호간에 미치는 영향도 더 크다. 친밀감이 싹 트고 서로에 대한 이해를 돕는다. 상대에게 자기 사람이라는 신뢰를 쌓아야 긍정적인 평가를 얻고 친화력이 발휘될 수 있다.

'곡고화과曲高和寡'는 "곡조가 지나치게 어려우면 따라 부르는 사람이 없다."라는 뜻이다. 대인관계에서도 마찬가지다. 지나치게 근엄함으로 대하면 사람들은 당신을 멀리서만 바라볼 뿐 진심을 터놓지 않는다. 친근감을 주는 존재가 돼야 다음 일의 진행이 순조롭다.

하버드 심리센터 연구원은 "인맥이 좋은 사람은 '친화 효과'를 이용한다."라고 말했다. 그중에서도 공통점을 찾아내 자기 사람으로 만드는 것이 가장 좋다. 자기 사람 사이의 교제와 인지는 그 깊이와 효과에서 월등한 위력을 발휘한다.

자기 사람 관계를 만드는 주요 열쇠는 공통점을 찾아내는 것이다. 공통점은 학연, 혈연, 지연, 그리고 부부나 직장의 인연, 관계나 지향점, 흥미, 취미, 이익의 공통점, 같은 단체나 조직에 소속된 관계 등 여러 측면에서 다양하게 존재한다. 공통점과 친절함을 결합하면 조화롭고 화목한 관계로 이어진다.

◆ 하버드 심리센터 감성 코칭

원만한 대인관계는 자신에게 만족과 더불어 심신에 건강을 준다. 이 시간 이후부터 적극적으로 사교생활을 하자. 조화로운 대인관계를 구축하는 것을 목표로 삼자. 삶이 건강해진다.

1. 자기 주변 사람들과의 관계도를 만들어보자.
2. 사귀고 싶은 사람과의 공통점을 찾아보자.
3. 관계가 어색한 사람과의 문제 원인을 찾아보자.

유머로 매력을 방출하고 웃음을 선물하라

유머러스함은 명랑하고 낙천적인 성격을 상징한다. 유머를 구사하는 자체는 감성지수가 높음을 나타낸다. 다양한 문화적 소양을 겸비했을 때 유머가 가능하기 때문이다. 하지만 유머를 구사한다고 해서 유머 감각이 풍부하다고 할 순 없다. 붓이 있다고 서예가가 되는 게 아닌 것처럼 중요한 것은 활용에 달려 있다.

어떤 사람은 성공을 산의 정상에 비유한다. 산을 오르는 여정에서 유머는 그를 더 강하게 만들 수 있다. 야간산행이나 깊은 골짜기를 건널 때는 유머가 플래시 역할을 한다. 보통 유머 감각이 있는 사람들은 뛰어난 개성을 가지고 있다. 자기역량을 자유롭게 발휘할 수 있으며 어떤 곤경도 매끄럽게 처리한다. 유머 감각이 외부의 방해를 가볍게 대응할 수 있도록 돕기 때문이다. 유머러스한 기분은 무거운 상실감을 덜어준다. 뜻대로 되지 않는 고비로부터 잠시 벗어나게도 해준다. 한층 여유롭고 활기찬 삶을 살 수 있도록 유도하는 것이다.

유머는 경직되고 융통성 없는 이미지를 바꿔준다. 대인관계를 개선하여 평범함에서 탈피하게 해준다. 유머러스한 사람은 자신의 매력을 방출하고 주변에 웃음을 선물한다. 사람과 사람 사이의 심리적 장벽을 없애고 허물없이 녹아들어 모두로부터 환영받는다. 일상적으로 사용되는 유머 몇 가지를 배워보자.

자기 조롱하기

건강한 심리상태에서 가능한 유머다. 자기를 가지고 농담하는 건 유머러스하기도 하지만 또한 가장 어렵기도 하다. 일단 성공하면 최고의 유머꾼이라는 것을 보여줄 수 있다. 타인을 대상으로 농담하면 상대의 반감만 부르고 지켜보는 사람들에게 경멸받을 수도 있다. 하지만 스스로 자신을 조롱하는 건 다르다. 상냥하고 유머러스한 당신 재치를 드러내는 것이다. 또한 자신과 타인 사이의 거리를 좁힐 수 있다. 자조하는 기술을 아는 사람은 티가 나지 않게 겸허함을 표현한다. 듣는 사람이 저도 모르게 무장을 해제하게 되므로 쉽게 한마음이 될 수 있다.

과장하기

"짜증나서 죽겠어.", "바빠 죽겠어.", "웃겨 죽겠어.", "화나 죽겠어."처럼 매일 '~죽겠어'를 입에 달고 사는 사람들이 있다. 감정의 힘을 빼는 말들이다. 그런데 '과장'은 당신을 행복하게 하고 웃게 한다. 사람의 마음을 열게 하기 때문이다. 자신의 세밀한 관찰력을 훈련해보자. 삶에서 발견할 가치가 있는 문제들을 찾고 효과적으로 부각시킬 수 있다.

농담으로 회피하기

미하일 고르바초프는 54세에 구소련 공산당 서기장을 지냈다. 세계는 젊은 나이에 요직을 맡는 사람이 앞으로 소련을 어떤 방향으로 끌고 갈지 주목했다. 기자회견에서 한 미국 기자가 질문을 던졌다.

"당신은 급진사상을 가진 지도자인데 내각 명단을 결정할 때 높은 분과 상의하나요?"

고르바초프는 정색하며 대답했다.

"이런 장소에서 저희 안사람 이야기를 꺼내지 마세요."

의사소통이 순조롭지 않을 때, 농담은 상대방의 사고와 논리를 교란시킬 수 있다. 돌발적인 표현으로 혼란스럽게 하거나 판단을 흐리게 하는 방법이다. 이때 당신은 태연하게 몸을 빼거나 유머로 화제의 초점을 옮겨 난처함과 중압감에서 풀려나면 된다.

날카롭고 신랄하게 풍자하기

날카롭고 신랄한 유머를 구사할 때는 우선 자신의 사회적 감수성을 높여야 한다. 그리고 상대에게 해독의 기질이 있는지를 관찰한다. 독이 든 당신 공격을 상대방이 견뎌내지 못하면 곤란한 상황을 맞게 될 수도 있기 때문이다. 내가 다른 사람을 다치게 하거나 그 사람을 치켜세울 수 있는지를 확실하게 알아야 한다. 이것이 '독 뿌리기'와 '독 풀기' 효과다.

날카롭고 신랄한 것은 어렵다. 날카롭되 찔러서 뚫지 못하고, 시큼하지만 쓰지 않고, 새기되 흔적을 남기지 않고, 신랄하되 위험하지 않아야 한다. 공격하고 상대에게 물러날 공간을 주는 관대함도 있어야 한다. 쏘아붙이기만 하고 받아줄 능력이 없다면 수양을 더 쌓길 권한다.

유머 기술을 배우면 자기감정과 사회적 감수성을 높이는 데 도움이 된다. 더불어 개인의 조직능력과 적응력도 덩달아 강화할 수 있다. 웃음을 통해 우정을 쌓고 파트너는 암묵적인 이해를 키운다.

◆ 하버드 심리센터 감성 코칭

유머를 배워라. 경직되고 각박한 세상에 웃음과 즐거움을 제공할 수 있다. 삶에 윤활유를 칠한 것처럼 적응력과 대응력을 길러준다. 상황과 장소에 따라 구사해야 할 유머가 다름을 아는 것도 중요하다. 유머에도 격이 있다.

1. 자신만의 유머집을 만들자.
2. 최신 유행어나 시사 토크에서 쓰이는 유머에 관심을 가지자.
3. 자신이 알고 있는 유머를 친한 사람들 사이에서 연습해보자.

잘못을 지적하기보다
상대가 원하는 것을 해줘라

1969년 7월 21일, 암스트롱은 달착륙선 선실 문을 열었다. 동행한 우주 비행사 버즈 올드린은 19분 후 내렸다. 이로써 암스트롱은 최초로 달에 착륙한 사람이 되는 대단한 영예를 안았다. 올드린은 최초라는 영광을 두고 다투지 않았다. 아주 태연하게 암스트롱에게 기회를 양보했다. 기자가 올드린에게 최초로 달에 착륙한 사람이 되지 못한 것이 유감스럽지 않은지 물었다.

"지구로 돌아왔을 땐 제가 가장 먼저 우주선 캡슐에서 나왔습니다. 그러니 저는 다른 천체에서 최초로 지구에 온 사람입니다."

파트너가 원하는 일을 이루게 해준 올드린은 세상 사람들의 존경도 얻었다.

사람을 사귈 때는 상대에 대한 이해가 가장 중요하다. 각기 다른 바람과 추구하는 바가 있기 때문이다. 상대의 신뢰를 얻고 싶다면 먼저 상대를 이해하고 존중해야 한다. 그가 원하는 일을 도와주고 행복하게 해주면 된다. 사교에 능통한 사람은 타인을 행복하게 해주는 법을 잘 안다.

남루한 차림의 아이가 굶주림으로 길가에 쓰러져 있었다. 차가운 눈꽃이 시든 잎처럼 그의 누런 머리카락 위에 떨어졌고 아이는 곧 얼어 죽을 것 같았다. 이때 신선한 잉어를 들고 가던 노인이 멈춰 섰다. 잉어는 그가 막 강에서 잡아온 것이었다. 노인은 길가에 쓰러진 아이에게 말했다.

"참으로 가련한 아이로구나."

노인은 자신의 옷을 벗어주었다. 아이는 노인의 체온이 남은 코트 덕분에 점점 정신을 차렸다. 길가엔 많은 선량한 사람들이 소년을 걱정하며 둘러쌌다. 아이가 깨어나자 사람들은 서로 아이를 집으로 데려가겠다고 했지만 노인은 말렸다. 너무 굶어서 배를 채울 음식이 급급했던 아이의 눈빛은 불안해졌다. 사람들은 당연히 노인이 아이를 집으로 데리고 가 자기가 잡은 잉어를 먹여줄 것으로 생각했다. 아이가 맛있는 영양식을 먹고 몸을 보충할 수 있다고 생각하자 사람들도 더는 고집을 부리지 않았다. 하지만 노인은 아이에게 둘러주었던 코트를 다시 가져갔을 뿐만 아니라 아이를 뼛속까지 차가운 바람이 파고드는 강가로 끌고 갔다.

사람들은 노인의 괴상한 방법을 이해하지 못했다. 하지만 속사정을 모르면서 왈가왈부할 순 없었다. 얼마간의 시간이 지난 후 노인은 아이를 데리고 돌아왔다. 아이의 작은 손에는 팔딱팔딱 살아있는 잉어 두 마리가 있었다. 얼굴에는 귀중한 보물을 얻은 듯한 흥분이 서려 있었다.

아이는 실제로 귀중한 보물을 얻었다. 이 보물에 기대어 아이는 굶어서 길에 쓰러지지 않을 수 있었다. 폭설이 흩날리는 겨울에도 배를 넉넉히 채울 수 있게 되었다. 노인은 소년에게 얼음 속에서 물고기 잡는 방법을 가르쳐준 것이다. 지금 노인과 소년은 화로 옆에 나란히 앉아 싱싱하고 맛있는 생선국을 맛보고 있다. 나중에 소년은 경험이 풍부한 어부가 되었다.

상대방에게 무언가를 제공할 때는 그에게 진정으로 필요한 것이 무엇인지 분명히 알아야 한다. 일시적인 도움은 오히려 독이 될 수 있다. 돕는 방식이 적절하지 않으면 가치 있는 도움이 안 된다. 더한 비극을 초래할 수도 있다. 이야기 속 노인이 아이를 동정해 한 끼 음식만 제공했더라면 아이는 청년이 되어서도 가난한 삶을 이어가고 있었을지 모른다. 현명하게 베풀면 긍정적인 덕을 실천할 수 있지만, 맹목적으로 베풀면 타인이 감격하더라도 부정적인 영향을 끼치게 된다. 감성지수가 높은 사람은 타인의 진정한 수요를 통찰한다. 가장 적합한 방식으로 베풀어 상대가 최대의 이익을 얻도록 만든다.

하버드 심리센터 연구원은 많은 사람들이 다른 사람의 실수를 발견하고 지적하는 것을 좋아한다는 것을 밝혀냈다. 그러나 반대로 남들이 자신에 대해 이러쿵저러쿵 험담하는 건 기분 나빠한다. 자신의 잘못을 남들이 발견하고 지적하는 걸 원치 않는 것이다. 자신의 행동에 의문을 제기하는 것 또한 달가워하지 않는다. 스스로 실수를 발견하면 잘못되었다고 인정하면서도 다른 사람이 지적하면 이를 받아들이지 못한다. 심지어 억지 주장을 고집하면서까지 잘못을 인정하지 않는다. 지적을 받은 사람은 자신의 실수 여부는 고려하지 않고 상대방의 의도를 오해한다. 자기를 보호하기 위해 과격한 상태로 변하는 것이다. 이때 어느 것이 옳고 그른지는 중요하지 않다. 단지 오류를 지적해준 사람의 도발과 잘못을 저지른 자의 저항으로 갈등이 확산될 뿐이다.

다른 사람의 잘못을 당신이 지적했을 때 번질 파장을 먼저 고려하자. 정확하고 분별 있으며 똑똑한 사람이 되기보다, 교묘하게 어수룩한 사람이 되는 것이 더 좋다. 자신을 낮추고 어리숙해 보이려고 노력하는 사람은 대인관계의 묘수를 아는 사람이다.

◆ 하버드 심리센터 감성 코칭

가능하면 상대의 요구를 먼저 수용해주자. 손해 보는 일이 아니다. 상대가 실수를 저지른다 해도 당신이 그 잘못을 교정해줄 권리가 없다. 자신을 드러내고 싶은 충동을 즉시 억눌러라. 얼간이 같은 일을 저지르는 '똑똑한 사람'이 아니라 거울같이 맑은 마음을 가진 반 얼간이가 되자.

1. 상대가 원하는 것이 무엇인지 대화 속에서 느껴보자.
2. 상대를 배려하고 자신이 얻을 수 있는 이점을 생각해보자.
3. 인간관계의 기본적인 예의를 익히자.

난처한 질문은 교묘하게 피해가라

의사소통은 질문과 답변이라는 두 가지 측면을 담고 있다. 상대방의 심리를 파악하려면 영리하게 물어야 한다. 반면 질문에 시달리지 않으려면 교묘하게 대답해야 한다. 그러면 언제든지 자유자재로 대처할 수 있고 교제의 달인이 될 수 있다. 감성지수가 높은 사람은 어떤 식으로 답하며 난제에서 벗어나는지 살펴보자.

동문서답

동문서답은 논쟁 회피 전술이다. 상대방이 제기한 문제에 대해 어떤 이유로 대답을 할 수 없을 때 쓰기도 한다. 문제에서 회피해 도피처를 마련하는 것이다. 대화의 주제에서 칼끝을 돌리고 개괄적인 대답으로 곤란한 문제로부터 벗어날 수 있다.

작곡가 브람스는 젊은 피아니스트의 연주회에 참석했다. 젊은 피아니스트는 실러의 시 〈종의 노래〉를 작곡해 연주했다. 브람스는 매우 집중하는 모습을 보였고 젊은 피아니스트는 기뻐서 어쩔 줄 몰라 했다. 연주회가 끝난 후 그가 브람스에게 물었다.

"선생님, 이 곡이 마음에 드십니까?"

브람스는 웃으며 대답했다.

"〈종의 노래〉는 과연 불후의 시군요."

브람스는 동문서답으로 교묘하게 질문을 회피했다. 완곡하고 정중하게 자신의 진짜 생각을 표현한 것이다. "이 불후의 시는 매우 마음에 들지만 당신의 연주 수준은 그다지 높지 않군요."라고 말이다.

무효한 대답

여기에는 유효성을 지닌 무효한 대답과 순전히 무효한 대답 두 가지로 나뉜다. 유효성을 지닌 무효한 대답은 상당히 깊고 두터운 뜻을 내포하고 있어서 상대방의 깨달음이 필요한 답이다. 순전히 무효한 대답에서는 질문에 대한 어떠한 답변도 찾을 수 없다. 대답하는 사람이 말하기 곤란하거나 대답하길 원하지 않은 경우 사용하는 방법이다.

대학의 신입생 담당자가 어느 도시에서 학생을 모집하고 있었다. 이때 한 학생이 찾아와서 질문했다.

"제 이름이 신입생 모집 명부에 등록돼 있다고 들었는데 제가 합격할 수 있을까요?”

담당자는 웃으며 말했다.

“당신의 이름은 신입생 모집 명부에 있습니다. 합격 여부는 신문에서 우리 학교 신입생 합격자 명단을 살펴보십시오!”

담당자는 학생이 던진 질문에 답변했지만 ‘합격할 수 있다’ 또는 ‘합격할 수 없다’는 답을 찾을 순 없다. 답을 얻고 싶으면 신문에 게재된 신입생 명단에서 찾아야 한다.

간접적인 대답

날카로운 질문에 영리한 언어로 유추하여 대답하는 것이다.

처칠이 미국을 방문했을 때 그를 반대하는 미국의 여성의원이 말했다.

“제가 당신의 아내였다면 당신의 커피에 독을 탔을 겁니다.”

처칠은 미소를 지으며 말했다.

“제가 당신의 남편이었다면 그 커피를 마셨을 겁니다.”

처칠의 간접적인 대답은 그녀를 더욱 난처하게 했다.

이퇴위진以退爲進

“진격을 위해 퇴각하다.”라는 전술이다. 질문자의 말을 인정한 다음 적당한 시기에 반격하는 것이다.

A: 당신은 이렇게 예쁜데 왜 아직도 애인이 없어요?

B: 그러게요. 당신보다 더 꼼꼼하게 고르기 때문인가봐요.

뚱보: 널 보니까 먹고 살기 힘들다는 게 무슨 말인지 알겠다.

말라깽이: 너를 보니까 왜 먹고살기 힘들어졌는지 알겠어.

질문하는 사람은 신랄하고 거리낌 없이 묻고 대답하는 사람은 일단 인정하고 바로 되받아친다. 이것이 바로 진격을 위해 퇴각하는 방법이다.

피난취이避難就易

"어려운 것을 피하고 쉬운 것을 취한다."라는 의미다. 붓글씨가 뛰어난 중국 북송 제8대 황제 휘종이 대신에게 물었다.

"내 글씨가 어떠한가?"

"폐하의 글씨는 천하제일이옵니다."

어느 날 휘종은 미불에게 물었다.

"그대의 글씨와 비교하면 어떻소?"

미불은 송나라 4대 서예가였다. 그의 붓글씨는 당연히 휘종을 넘어섰다. 황제를 최고라고 한다면 자신을 낮춰야 하고 자신이 최고라고 자부한다면 황제의 노여움을 사야 했으니 참으로 난처했다. 현명한 미불은 기지를 발휘했다.

"신이 보기에 황제 중 폐하의 글자는 천하제일이옵고 대신 중에

선 신의 글씨가 천하제일이옵니다.”

이 말을 들은 휘종은 미불의 기지에 탄복하였다.

정면으로 대답하기 어려운 문제에 억지로 부딪히지 말자. 어려움을 알면 피하고 돌파하기 쉬운 것으로 대답하라. ‘피난취이’의 기지를 발휘한 거절이다.

위위구조圍魏救趙

“정면공격보다 후방을 포위하여 공격하라.”라는 뜻이다. 상대의 질문에 대답하는 게 아니라 상대방의 질문에 제약받지 않고 오히려 상대방이 두통을 느끼는 질문을 내놓는 것이다. 상대를 곤궁에 빠뜨려서 원래의 질문을 포기하게 하는 방법이다. 외교 활동에 이러한 상황이 자주 있다.

A: ○○문제에 대해 귀국이 어떤 조치를 취할지 궁금합니다.

B: 각하, 이 문제는 우리가 원만하게 해결할 것이니 믿어주십시오. 다만 저는 귀국의 반정부 운동이 계속 진행된다면 귀국 정부는 현행 통치를 유지할 능력이 있을지 걱정되는군요?

B는 A가 제기한 문제를 잠시 보류해두고 A가 머리 아파하는 국내 반정부 운동의 문제를 꺼냈다. 상대를 난처한 상황에 밀어넣으며 제기한 공세를 와해시킨 것이다. B는 처음 질문에 대답할 필요가 없어졌다.

부정 유도

상대의 질문에 바로 대답하지 않고 원래 제기한 문제를 포기하도록 꾀는 것이다. 일단 이유를 설명하고 조건을 내세우거나 반문을 제기하여 상대가 스스로 부정하도록 유도한다.

1972년 5월 27일 새벽, 미국과 소련은 전략적 무기를 제한하는 4개 협정을 체결했다. 키신저는 모스크바의 한 호텔에서 수행하는 미국 기자단에게 상황을 설명했다. 한 기자가 물었다.

"미국의 다탄두 미사일MIRV이 배치된 전략적 잠수정은 몇 대인가요? 대륙 간 탄도 유도탄ICBM은요?"

"저는 ICBM을 얼마나 배치하는지는 모릅니다만, 활동 중인 전략적 잠수정이 몇 대인 줄은 알고 있습니다. 그런데 이게 기밀 사항인지 모르겠군요."

한 기자가 다급하게 말했다.

"기밀이 아닙니다."

키신저가 바로 반문했다.

"기밀이 아니라고요? 그럼 몇 대인지 당신이 말해보십시오."

키신저는 질문자를 스스로 부정하도록 유도했다. 자연스럽게 이전 문제를 없애버린 것이다.

거짓으로 진실 공격하기

이 전술은 사실을 공격하는 이점이 있다. 진격하기 위해 물러났다가 되돌아서서 일격을 가하는 것이다. 상대방 논점을 성공적으로 부정할 수 있다. 한 기자가 자이르 대통령에게 질문했다.

"대통령님은 굉장히 부유하다고 들었습니다. 재산이 30억 달러에 달하신다고요?"

표면상으로 이 질문은 그의 집안 형편에 관한 질문 같지만 사실상 매우 깊은 의도가 있었다. 대통령이 청렴결백한지를 겨냥한 문제였다. 예민한 정치적 문제가 될 수도 있기에 대답도 신중하게 해야 했다. 완강히 부인하면 사람들은 믿지 않을 것이다. 솔직히 말하는 것도 적절치 않아 보였다. 자이르는 웃으며 말했다.

"예전에 벨기에 의원은 제게 60억 달러가 있다고 하던데 들어보셨습니까?"

자이르는 자신에게 30억 달러가 있다는 말에 대답하지 않았다. 훨씬 크고 과장된 숫자를 언급하여 기자의 질문에 간접적이면서 결정적인 부정을 한 것이다.

대답의 기술은 이것 외에도 무궁무진하다. 당신이 주의 깊게 관찰하고 임기응변을 배워 교묘하게 대답하면 난처함에서 벗어날 수 있다. 더불어 사교적 매력은 크게 높아질 것이다.

◆ 하버드 심리센터 감성 코칭

상대의 질문에 대답할 때 반드시 솔직하고 정직할 필요는 없다. 대답의 요령을 알면 당신은 난처한 상황에서 구출될 수 있다. 구설을 피하고 공격을 피하게 한다. 어디 그뿐인가. 당신을 넘어뜨리려는 상대방을 보기 좋게 되치기 할 수도 있다. 단, 능숙하게 해야 한다.

1. 질문에 담긴 상대방의 의도를 파악하는 연습을 하자.
2. 같은 대답이라도 달리할 수 있다는 방법이 있음을 알자.
3. 하나의 질문을 내고 다른 방식으로 대답하는 법을 배워보자.

잘못을 인정하고
관용을 베풀어라

우리는 자기 잘못을 쉽게 인정하지 않는다. 그건 아주 부끄러운 일이라고 생각한다. 하지만 잘못을 인정하면서 적절한 기술로 상대의 심리에 맞추면 큰 효과를 얻을 수 있다. 누군가 당신을 비평하려는 걸 눈치챘다면 그가 입을 열기 전에 먼저 자기 스스로 비평하는 것도 좋다. 그러면 그는 너그러운 태도로 당신의 잘못을 용서해줄 것이다.

어린 시절 겪은 데일 카네기의 경험이 그렇다.

어린 시절 카네기가 살던 집에서 그리 멀지 않은 곳에 숲이 있었다. 카네기는 덩치가 작은 애완견을 데리고 그곳을 자주 산책했다. 숲에 사람이 별로 없어서 카네기는 강아지 입마개와 목줄을 하지 않았다. 그러던 어느 날 기마경찰과 마주쳤는데 경찰이 언짢은 기색으로 물었다.

"강아지에게 목줄도 채우지 않고, 입마개도 하지 않은 채 이곳에서 뛰어놀게 하다니, 이렇게 하면 위법인 걸 모르니?"

"아니요, 알고 있어요. 하지만 우리 강아지가 누굴 물지는 않을 거예요."

"그러지 않을 거라고? 법은 네가 어떻게 생각하는지 관심 없어! 강아지는 다람쥐를 물어 죽일 수도 있고 어린아이를 다치게 할 수도 있다. 이번엔 그냥 봐주겠다. 하지만 다음번에도 강아지가 목줄과 입마개를 하지 않고 있다면 그땐 법정에서 똑똑히 설명해야 할 거야."

이후 산책할 때마다 카네기는 기마경찰의 요구대로 했다. 그러나 딱 한 번 입마개를 채우는 걸 깜빡했다가 공교롭게도 또다시 기마경찰과 마주쳤다. 그가 불러 세웠을 때 카네기는 좋은 생각이 떠올랐다.

"경찰 아저씨, 제가 또 걸렸네요. 잘못했어요, 잘못했습니다. 이번에는 핑계도 대지 않고 변명도 하지 않을게요. 지난주에 강아지를 데리고 나올 때 입마개를 채우지 않으면 처벌하겠다고 이미 경고를 들었으니 할 말도 없죠."

질책하려 했던 경찰은 카네기가 먼저 잘못을 인정해버리자 할 말이 없어졌다. 경찰은 상냥하게 말했다.

"오, 그래. 이해한다. 주변에 사람이 없을 때 강아지와 산책하는 것은…."

"네. 즐거운 일이지만 저는 분명 법을 어겼어요."

카네기는 끝까지 자신의 잘못을 인정하는 태도를 보였다.

"그렇지, 하지만 그 강아지가 사람을 다치게 하지는 않을 것 같고…."

"아니에요. 저 녀석은 다람쥐를 물어 죽일 수도 있어요."

"알겠다, 알겠어. 네가 어떻게 해야 할지 알려줄게. 이 녀석을 산 부근에서 달리게 해라. 그러면 내가 보지 못할 테니까 말이야. 이 일은 그냥 눈감아주마."

위엄 있는 경찰이 이렇게 인정미가 넘치는 사람이었다니 믿기 힘들다. 카네기가 경찰을 만났을 때 잘못을 인정하지 않고 자신의 행동을 변명하려 했다면 결과가 어떻게 되었을까?

잘못을 먼저 인정하는 사람은 감성지수가 높은 편이다. 자아를 다룰 줄 안다. 자기 체면을 내세우지 않고 잘못을 먼저 인정하면 상대는 흡족한 마음으로 당신을 용서할 확률이 높다. 잘못을 인정하는 일은 절대 부끄러운 일이 아니다. 사소한 충돌이 일어났을 때 고개를 숙이는 건 이해를 구하는 행동이다. 학술상의 잘못이 생겼을 때도 용감하게 잘못을 인정하면 사람들의 존경을 받는다. 특히 인지도 있는 사람이 공개적으로 자기 잘못을 인정하면 더더욱 그렇다.

한나라 무제 유철은 천하에 '죄기조罪己詔: 황제가 스스로를 꾸짖는 조서'를 포고하여 자신이 평생 저질렀던 잘못을 총결산했다. 자기로 인해 일상생활과 생존에 영향을 받게 된 여러 사람에게 사과한 것이다. 그래서 그는 많은 잘못을 저질렀음에도 역사상 매우 높은 평가를 받고 있다.

제2차 세계대전은 아시아에 막대한 손해를 입혔다. 똑같은 죄행이지만 독일이 잘못을 인정하는 태도는 세계인의 이해와 존중을 받는다. 하지만 잘못을 인정하지 않는 일본의 태도는 많은 사람의 반감을 불러 모은다.

작게는 평민부터 크게는 군왕과 국가까지 잘못을 저지르면 인정할 줄 알아야 한다. 이것이 진정한 용기이고 처세의 지혜다. 잘못을 인정하는 태도는 상대방의 이해와 주위 사람의 존중을 얻는다. 감성지수가 높은 사람은 자기 잘못을 과감하게 대면한다. 언제든 고개를 숙이고 용서를 구한다. 겸손한 이미지로 다른 사람의 환영을 받는다.

잘못을 인정하는 자에게 베푸는 관용은 겸손함의 미덕이자 현명한 처세의 원칙이다. 관용은 대인관계의 윤활제다. 관용은 행복이고 삶에 따스한 햇볕 한 줄기를 더하는 격이다. 관용이 삶의 행복과 일상생활의 즐거움을 만들어내기 때문이다.

빈에서 변호사로 지내던 조지는 제2차 세계대전 때 스웨덴으로 도망갔다. 무일푼이었기 때문에 새로운 일자리가 필요했다. 여러 국가의 언어를 구사할 줄 알았던 그는 무역회사의 비서직을 희망했다. 하지만 절대다수 회사는 현재 전쟁 중이라 조지 같은 인재가 필요치 않다고 말했다. 거절의 답변을 편지로 회신한 곳도 있었다.

"당신은 우리의 의도를 전혀 모르시는군요. 당신은 어리석고 멍청합니다. 우릴 대신하여 편지를 써줄 비서가 필요치 않습니다. 설령 필요하다고 해도 당신처럼 스웨덴어도 제대로 쓸 줄 몰라서 편지에 틀린 글자를 쓰는 사람을 고용하진 않을 겁니다."

조지는 처음 이 편지를 보았을 때 화가 머리끝까지 났다. 치욕적인 기분에 그 사람에게 다시 편지를 써서 감정을 털어놓으려고 마음먹었다. 하지만 냉정함을 되찾은 그는 '잠깐만! 이 사람 말이 맞을 수도 있잖아? 어쨌든 스웨덴어는 내 모국어가 아닌걸. 사실이라면 일자리를 찾기 위해 더욱 노력해야 해. 내가 어떤 부분이 부족한지 깨우칠 수 있는 편지야. 그러니까 나는 감사의 편지를 써야겠어.' 조지는 감사의 편지를 썼다.

"답변을 보내주신 것에 어떻게 감사를 드려야 할지 모르겠습니다. 특히 당신은 비서가 필요하지 않은 상황에서도 제게 회신을 주셨습니다. 귀사의 업무를 제대로 알지 못한 것이 부끄럽습니다. 글에 어법상의 문제가 많다는 사실조차도 몰랐다는 게 참으로 부끄럽고 속상했습니다. 이제 스웨덴어를 열심히 공부해서 제 스웨덴어 실력을 높일 계획입니다. 제가 끊임없이 향상할 수 있게 깨달음을 주셔서 감사합니다."

편지를 보낸 지 얼마 지나지 않아 조지는 기쁜 소식을 받았다. 회사에서 채용하겠다는 답장이었다. 관용의 마음을 가지면 인생에서 결정적으로 중요한 작용이 일어난다. 관용이란 한쪽 발로 제비꽃을 밟았을 때 자기 뒤꿈치에 그 향기가 남는 것을 말한다. "약간의 용인과 도량은 전쟁을 평화로 바꿀 수 있다.", "한 발 물러나서 보면 세상이 넓어 보인다. 세 번 참으면 마음이 평온하고 태도가 온화해진다."라는 말처럼 넓은 마음으로 다른 사람을 용서하고 받아들인다면 세상을 더욱 아름답게 만들 수 있다. 관용의 마음으로 타인의 잘못을 헤아리면 인정을 받을 수 있다. 관용을 배우면 심신 건강에 유익할 뿐만 아니라 우정을 얻고 가정의 화목과 원만한 결혼생활을 유지할 수 있다. 더 나아가 일의 성취도 높게 이룰 수 있다.

관용을 베푸는 사람이라고 해서 절대 연약하지 않다. 현실 앞에서 속수무책인 것도 아니다. 투르게네프는 "타인에게 관용을 베풀지 않는 사람은 타인의 관용을 얻기에 적합하지 않다. 하지만 타인의 관용이 필요치 않다고 말할 수 있는 사람이 과연 있겠는가?"라고 말했다. 관용 자체가 평범하지 않은 도리다. 사람에게는 타인의 관용이 필요하다. 모두가 관용을 베푼다면 사람과 사람 사이의 관계는 화목해진다. 더불어 삶도 더욱 원만해질 것이다.

◆ 하버드 심리센터 감성 코칭

자기 잘못을 인정하는 용기가 필요하다. 자존심을 내려놓고 부끄러움을 감수하는 일이기 때문이다. 그러나 자기 잘못을 변명으로 일관하거나 합리화시키는 것보다 더 나은 결과를 가져온다. 신뢰라는 묵직한 선물을 받을 수 있다. 타인의 잘못에 대해 관용을 베풀어라. 사람이라면 누구나 잘못할 수 있다.

1. 아직 고백하지 못한 잘못이 있는지 떠올리자.
2. 용서하지 못한 타인의 잘못이 있다면 당장 관용의 메시지를 보내라.
3. 자신이 흔히 하는 잘못을 기억하고 경각심을 갖는 문구를 적어보자.

상대를 치켜세워주면 자기의 인기가 올라간다

선생님이 학생들에게 '가족을 치켜세워주라'는 숙제를 냈다. 그리고 가족의 반응까지 살펴보고 오라고 했다. 다음 날 한 학생이 10달러를 꺼내면서 "저녁 식사 때 엄마한테 '나를 위해 저녁 식사를 준비해줘서 고마워. 지금까지 먹어본 음식 중에 가장 맛있는 치킨이야!'라고 말했어요. 엄마는 기뻐하며 주방에서 뛰쳐나갔어요. 다시 돌아온 엄마는 저를 안으시곤 주머니에 몰래 이 10달러를 넣어주셨어요!"라고 흥분한 투로 말했다.

"앞으로도 계속 진심을 담은 말로 다른 사람을 치켜세운다면 네가 얻을 수 있는 이익은 10달러를 훨씬 뛰어넘을 거야! 물론, 진심을 담은 치켜세우기는 보답을 바라면 안 되지. 다른 사람을 치켜세울 땐 이치에 맞고 근거가 있어야 해. 그렇지 않으면 치켜세우기는 아첨이 되고 아첨의 결과와 치켜세우기의 결과는 뚜렷하게 다르단다."

도를 넘지 않은 치켜세우기는 사람들의 환심을 산다. 누구나 칭찬받기를 좋아하기 때문이다. 정도에 맞게 칭송한다면 상대는 분명 기뻐하면서 당신에게 호감을 느낄 것이다. 오만한 사람은 우월해보이려고 당신의 칭찬에 반응한다. 혹 일부 사람들은 치켜세우는 말보다 충고를 잘 받아들인다고 하지만 이는 입에 발린 말일 수 있다. 그걸 진심으로 받아들이고 직언하면 겉으론 아무런 표시를 내지 않아도 속으로는 몹시 불쾌해한다.

치켜세우기에는 정도가 있어야 한다. 자칫 치켜세우기를 무조건 듣기 좋은 말로 여기고 대상이나 정도를 고려하지 않은 채 온갖 수를 동원해 찬양하는 말을 쏟아낸다면 비굴하게 보일 수 있다. 그리고 비위까지 맞춘다고 해도 당신의 의도와는 다른 결과를 초래할 수 있다. 사람들은 칭송을 갈망하지만 솔직하고 진실하게 대하는 것을 더 좋아한다. 겸허하고 성실한 사람과 교제하길 바라는 것이다.

적당한 치켜세우기는 듣기도 좋고 친밀감을 형성해 우정을 더욱 깊게 한다. 그럼 어떻게 해야 정도에 맞고 예의에 벗어나지 않는 치켜세우기가 가능할까? 다음 몇 가지를 살펴보자.

교제 대상에 유의하기

교제 대상의 연령, 문화, 직업, 성격, 취미, 특징 등에 유의하자. 사람에 따라 적당한 선을 지켜서 찬양해야 한다. 특히 새로 사귄 친구는 더욱 조심하고 신중하게 대해야 한다. 너무 뚱뚱해서 고민인 사람에게 "당신은 몸매가 정말 좋군요!"라고 한다면 상대방은 자신을 놀리는 것으로 여겨 매우 불쾌해할 것이다. 물론 몸매가 좋은 사람에게 이런 말을 한다면 당신에 대한 호감과 신뢰를 더욱 높일 수 있다. "도의적으로 도움이 되고 과실을 서로 바로 잡아주고 경외할 수 있는 친구를 사귀라."라는 말을 따르는 사람들은 거리낌 없이 솔직하게 말해주는 사람을 좋아한다. 반대로 이런 사람들을 치켜세운다면 그 사람은 당신을 꺼린다.

타이밍에 신경 쓰기

치켜세울 때는 시기가 매우 중요하다. 시기를 잘 맞추면 단순히 듣기 좋은 말이 생각지도 못한 효과를 낼 수 있다. 특히 분위기와 조건에 적합해야 한다. 칭찬할 만한 점이 발견되면 즉시 칭찬하고 치켜세워서 타이밍을 놓치지 말아야 한다. 시기가 적절하지 않은 치켜세우기는 의도와는 정반대의 결과를 초래할 수 있다. 상황에 따라서는 부작용을 만들어내기도 한다. 한 가지 주의할 점은 상대방이 자신의 부족한 점을 발견하고 고치려 노력할 때 그의 부족함을 칭찬하는 건 그를 기쁘게 하는 일이 아니라는 것이다.

한 사람만 치켜세우거나 칭찬하지 말기

외모가 똑같이 출중한 여성 두 명이 있다. 두 사람이 친구인데 한 명에게만 "오늘 정말 예쁘다."와 같은 말을 한다면 또 다른 사람에게 미움을 살 가능성이 크다. 칭찬을 들은 쪽은 기쁘겠지만 듣지 않은 쪽은 소외감이 든다.

또 다른 예로 회의에서 팀장이 "이번 프로젝트를 순조롭게 완성할 수 있었던 건 존 덕분입니다!"라고 말한다면 다른 직원들은 마음이 편치 않다. "어떻게 이럴 수가 있어. 분명히 다함께 한 건데 너무하잖아!", "그는 운이 좋았던 것뿐이라고!", "모두가 함께 노력한 결과란 말이야!"라고 말하며 사무실에는 보이지 않는 전쟁이 끊이질 않을 것이다. "영광스러운 일을 왜 공개적인 장소에서 표현하면 안 돼?"라고 이의를 제기하는 사람도 있겠지만 이는 이익 관계로 엮인 칭찬이기 때문이다. 굳이 공개적인 장소에서 말해야겠다면 반드시 모든 사람을 다 칭찬해라.

"이 프로젝트를 순조롭게 완성할 수 있었던 건 모두가 함께 노력했기 때문입니다. 여러분의 고생은 제가 이미 사장님께 보고했고 매우 흡족해하십니다."

척도에 유의하기

치켜세우기의 척도를 정하라. 치켜세우면서 도를 넘지 않고 감쪽같이 적당한 정도에 그만둘 줄 아는 사람이 성공적인 교제를 할 수 있다. 지나치게 화려한 문구를 사용한 과도한 치켜세우기나 내실 없는 아첨은 상대방을 불편하게 하고 거북하게 한다.

글씨를 잘 쓰는 사람에게 "네 글씨는 전 세계에서 제일 아름다워!"라고 말한다면 칭찬이 아니라 상대를 난처하게 만드는 말이다. 단순하게 "글씨 진짜 예쁘다!"라고 말하면 친구는 매우 기뻐하면서 글씨를 연습했을 때 경험을 이야기한다. 칭찬할 때는 정도를 지켜야 한다. 당신의 뜻만 전달하는 것으로도 충분하다. 지나친 과장은 비꼬는 느낌이 들 수 있다. 반면 치켜세우기의 정도가 미흡해도 치켜세우기의 효과가 떨어진다. 척도를 잘 파악해야 만족스러운 결과로 이어진다.

진실하되 감쪽같이 하기

진실한 태도는 성공적인 교제를 위한 중요한 요소다. 가슴에서 우러나오는 진심이라는 걸 상대가 느낄 수 있도록 치켜세워야 한다. 내심에서 우러나오는 것이어야 상대방이 마음으로 느낀다. 치켜세우기를 위한 치켜세우기는 쉽게 들키게 되어 있다.

진실하고 정도에 맞는 치켜세우기는 상대의 공감을 불러온다. 감성지수가 높은 사람은 사람마다 원하는 칭찬의 강도가 있다는 걸 안다. 이를 활용해 필요에 따라 적절하게 상대방을 치켜세워서 호감을 얻는다.

◆ 하버드 심리센터 감성 코칭

가장 빛나는 말이 있다면 칭찬이다. 칭찬 한 마디로 상황과 심리요인까지 변화시킬 수 있다. 대단한 칭찬보다 사소한 칭찬을 입버릇처럼 하라. 상대를 치켜세우지만 더불어 당신의 인기도 올라간다.

1. 오늘 몇 번 칭찬했는지 체크해보자.
2. 평소에 칭찬할 만한 것들을 상대방에게서 놓치지 마라.
3. 칭찬하기 위해서는 상대를 관찰하는 것이 먼저다.

돌진해오는 공격에
공격으로 맞서지 마라

모든 사람이 당신에게 우호적일 수 없다. 당신이 미처 손쓸 틈도 없이 폭탄을 던지며 도발하는 사람도 있다. 이때 당신은 상황에 따라 적절한 조치를 해야 한다. 가장 좋은 방법은 분위기를 바꿔 일촉즉발의 말다툼을 피하는 것이다. 다음 몇 가지 기본적인 방법을 살펴보자.

상대방의 발사 장치에 방해 신호를 보내라

상대방이 당신에게 질의나 비난할 여지를 주지 않아야 한다.

더블린 신학원의 한 여학생은 평생 잊지 못할 경험을 했다. 그녀는 유명 작가 사무엘 백을 인터뷰하기로 마음먹었다. 이 작가는 지금까지 어떠한 인터뷰도 받지 않기로 유명했다. 하룻강아지 범 무서운 줄 몰랐던 그녀는 전혀 동요하지 않고 멀리 파리로 가 백의 집 앞에서 노숙하며, 그가 생각을 바꿔 인터뷰에 응하길 기다리고 있었다.

뜻이 있는 곳에 길이 있다고 했던가. 마침내 백은 측은지심으로 그녀의 인터뷰를 수락했다. 단 한 가지 조건이 있었다. 업무에 영향을 주지 않기 위해 인터뷰는 반드시 점심시간에 한다는 것이었다. 인터뷰 장소는 근처의 카페였다. 점심을 같이 먹으면서 사무엘 백은 이 여학생에게 배경, 경력, 장래희망, 좋아하는 것 등 많은 질문을 던졌다. 그녀는 열정적으로 대답했다. 상황이 종료된 후 여학생은 백과 행복한 점심을 한 것 외에는 인터뷰 수확이 전혀 없었다는 걸 깨달았다.

백은 사람의 심리를 굉장히 잘 알았다. 모든 사람이 타인을 향한 관심보다 자신에 대한 관심이 훨씬 높다는 사실이었다. 화제의 중심을 상대방에게 이동시키면 감정 상하지 않게 자기를 보호할 수 있다.

전략적으로 뒤섞기

중대한 고비에는 전략적으로 어수룩한 사람처럼 행세하라.

영화 〈애니 홀〉에 등장하는 우디 앨런은 늦은 밤 다이안 키튼이 보낸 도움 요청 전화를 받는다. 그녀는 방에 '끔찍한 개미'가 있다고 말했다. 그때 앨런은 어떤 여성과 서로 끌어안은 채 침대 위에 누워 있었다. 다이안 키튼은 질책하는 말투로 우디를 압박했다.

"방금 전화를 걸었을 때 침대에 다른 여자가 있지 않았어?"

우디는 바로 차가운 얼굴을 하고 당혹스럽다는 듯 물었다.

"그게 무슨 말이야?"

갑작스러운 질문이었지만 우디는 다이안이 무슨 뜻으로 말한 것인지 몰랐을 리는 없다. 그런데도 이렇게 대답함으로써 난처한 상황을 피했다. 이 대답은 아주 효과적이라 할 수 있다. 상대는 하는 수 없이 원래 질문에 주석을 달고 설명한다. 은연중에 원래 질문에 내포했던 의도를 깡그리 다 털어놓아야 한다. 그 결과 폭발할 가능성이 있던 문제는 신관을 제거한 폭약처럼 살상력이 떨어진다.

이와 비슷한 기술로는 '혼란 만들기'가 있다. 만약 나쁜 마음을 먹은 침입자가 파티에서 당신을 구석으로 끌고 가 파티가 끝난 후 무슨 일을 할 거냐고 묻는다면 "흐린 날씨가 당신을 짜증나게 하나요?"라고 진지하게 말하라. 다른 사람의 프라이버시 캐내는 걸 좋아하는 사람이 당신에게 계속해서 "결혼했어요?", "유대인이에요?"라는 부류의 질문을 한다면 "저는 교환학생이에요."라고 말하라. 이런 생뚱맞은 말들을 가볍게 대하면 안 된다. 이런 말에는 상대를 괴롭히는 힘이 있다.

누군가 네 오른뺨을 치거든 다른 뺨마저 돌려대라

언어적 침략성이 높은 상대를 만났을 때 좋은 방법이다. 상대가 지칠 때까지 끊임없이 맞아주다가 반격하는 무하마드 알리의 전술로도 불린다.

누군가가 대놓고 당신에게 "이 교활한 자식!"이라고 한다면 "네 생각에 완전히 동의해. 그런데 궁금하다. 내가 했던 행동 중에 어떤 게 가장 교활했어?"라고 받아쳐라. 상대방이 "내가 본 사람 중에 네가 제일 게을러!"라고 한다면 "맞아. 그럼 너는 언제부터 나한테 관심을 가졌는지 말해줄래?"라고 말하라. 상대방이 꼼수에 걸리면 이제 당신은 하고 싶은 대로 하면 된다. 그 사람을 물고 싶은 만큼 물고 있어라. 상대가 낚싯바늘에서 벗어나려고 한다면 그가 다른 결점을 지적하게 독려하고 어떻게 벗어날 수 있는지 지켜보자.

이 방법은 인내심이 필요하다. 긴 시간을 쓰는 항전을 치를 시간이나 체력이 부족하다면 일방적으로 공격해야 한다. 상대의 질책에 적극적으로 방어해서 자기의 부당한 행위나 단점을 호되게 욕해야 한다. 예를 들어 상대방이 "네가 누구누구한테 하는 수단은 너무 비열했어."라고 말한다면 당신은 남의 이야기를 하듯이 그 부당한 행동에 욕을 퍼부으면 된다. "어휴. 넌 내가 다른 사람 대하는 걸 못 봤구나. 더 악랄하게 할 수도 있어. 근데 더 심한 건 뭔 줄 알아? 난 내 행동에 만족한다는 거야. 나 같은 사람에게도 친구가 있다니 기적이나 다름없지. 친구가 내게 조그마한 일이라도 도와달라고 하면 내가 어떻게 대답하는지 넌 상상도 못 할걸!"

침묵 유지하기

상대의 도발에 어떤 방식으로 대답해야 할지 모르겠다면 일단 침묵하라. 쟁론에 참여하지 않으면 승패가 없다. 상대방은 끊임없이 혼잣말처럼 결점을 폭로할 것이다. 안 들리는 척, 말 못 하는 척하는 것에 부정적인 결과를 걱정하지 않아도 된다.

힘이 엇비슷한 경우에 강한 것과 강한 것이 부딪히면 둘 다 다치는 것 말고는 아무런 이익도 없다. 다른 사람이 당신에게 악담을 퍼붓고 주먹 싸움을 건다면 눈에는 눈, 이에는 이로 상대하지 마라. 온화하게 상대의 노여움을 풀고 부드러우면서도 강인함으로 상대의 강하고 딱딱함에 대응하라. 부드러운 반격이지만 절대 당신을 유약하게 보지 않는다. 오히려 감히 건드려서는 안 된다는 신호를 준 것이다. 그는 앞으로 당신을 다시 만났을 때 말과 행동을 조심할 것이다. 부드러운 것은 약한 것이 아니라 근성이자 유연성이다.

◆ 하버드 심리센터 감성 코칭

저돌적인 상대의 공격에 공격으로 맞서지 마라. 상대 기세에 밀릴 뿐이다. 승산 없는 싸움만 된다. 대신 최상의 방어 전술을 구사하라. 상대가 예상치 못한 방법일수록 적을 궁지에 몰아넣을 수 있다. 상대는 속수무책이 되어 당신에게 도움을 구할 것이다.

1. 당신을 공격하는 자의 신원을 파악하라.
2. 상대의 공격 목적이 무엇인지 냉정하게 분석하라.
3. 방어 전술을 세우고 익혀라.

PART 6

감정이 감성을 증폭시킨다

Harvard's 100-Year
Traditional Emotion Class

행복은 모든 사람이 꿈꾸는 이상이다. 그러나 삶은 늘 마음과 다르게 흘러간다. 의도치 않게 다툼이나 원망에 사로잡힌다. 자기감정이 이상적으로 흘러가지 않는다면 어떻게 해야 할까? 감성지수에서 답을 찾아야 한다.

감정이 당신 운명을 좌우할 수 있다

사람은 감정의 지배를 받는다. 감정은 삶을 아름답게 꾸미고, 한편으론 쓴맛도 보여주며, 아름다운 삶을 순간 쓸어버리기도 한다. 이렇게 희로애락을 좌우하는 감정은 어디서 어떻게 시작될까?

우리는 어떤 사물이나 사건을 접할 때 감정의 변화를 느낀다. 자기만의 관념과 관점을 가지고 느끼는 감성이다. 요컨대 관념에 충족할수록 만족과 유쾌함 같은 긍정적인 감정이 나온다. 반면에 관념이 채워지지 못하면 실망이나 근심 같은 부정적인 감정이 싹튼다. 자신의 기대에 채워지지 못한 만큼 부정적인 감정이 크게 작용하는 것이다.

인체과학자들은 대뇌 연구를 통해 감정의 비밀을 풀고자 했다. 연구 결과 즐거움, 혐오, 분노, 두려움과 같은 감정은 모두 대뇌변

연계로 불리는 부위에서 비롯된다고 한다.

욕망도 마찬가지다. 그러나 사랑은 대뇌 속 신피질이라고 불리는 부위에서 나온다. 인체과학적으로 볼 때 사랑은 감정과는 다른 별개의 작용인 것이다.

감정은 신체의 변화를 동반한다. 두려움은 혈액이 대퇴근으로 흐르게 해서 달리기 쉽게 만든다. 혐오감은 안면근육을 위로 찡그리게 하고 동시에 콧구멍을 닫아서 불쾌한 냄새가 들어오는 것을 차단한다. 놀라움은 눈썹을 위로 올려서 시야를 확대한다. 이러한 대뇌 반응은 누적된 원초적인 감정에 기초한다. 그래서 우리는 상대의 표정에서 그의 감정을 유추해낼 수 있다.

감정은 강한 지향성을 지니고 있다. 또 감정은 편향되기도 한다. 사회를 위태롭게 하는 행동을 증오하고 저항하는 사람도 있고, 그것에 대해 전혀 무관심한 사람도 있다. 타인의 비평을 허심탄회하게 받아들이는 사람이 있고 불만을 가지는 사람도 있다.

감정의 편향은 사람의 태도에 직접적인 영향을 미친다. 인생관과 가치관을 집중적으로 드러내는 도구가 되는 것이다. 그렇다면 감정 편향성은 어떻게 유도해야 할까? 감정 편향성은 대부분 필요에 의해 결정된다. 욕구가 충족되면 긍정적인 감정이 생겨나고 욕구가 충족되지 않으면 부정적인 감정이 생겨난다.

감정의 안정도는 감정의 깊이와 밀접한 관계가 있다. 얕은 감정은 수시로 변한다. 따라서 즉흥적일 수밖에 없다. 불안정은 감정의 강도가 약하다. 처음에는 감정이 고조되었다가 금세 냉담해진다. 대표적인 사례가 '냄비근성'과 '작심삼일'이다. 변덕도 정서불안의 표현이다. 하지만 깊은 감정은 안정적이고 지속적이다. 감정의 안정도는 인성의 성숙 여부를 가늠할 수 있는 지표이다. 원만한 대인관계를 위한 중요한 조건이면서 일의 성과와 인생의 성공을 얻기 위한 중요한 조건이기도 하다.

감정은 사람들의 삶에 영향을 미치는데, 이것을 정서적 효능이라고 한다. 정서적 효능이 높은 사람은 모든 감정을 실천의 동기로 바꾼다. 행복하고 낙천적인 감정은 그들을 활동하게 하고 슬픔이 깃들었을 때 그것을 이겨내는 힘을 찾는다. 정서적 효능이 낮은 사람은 감정적 체험이 강하더라도 체험에만 머물러 있을 뿐 실천에 옮기지 못한다. 자기감정에 도취되어 있는 것이다. 그들의 행동은 몇번이고 지연되고 중단된다. 심지어 포기하고 슬픔과 우울에서 헤어 나오지 못한다.

감정은 건강이나 인지 수준과도 밀접한 관련이 있다. 사람의 건강 여부에 따라 감정의 질이 달라지는 것이다. 과도한 피로, 통증, 치료 등은 감정에 악영향을 준다. 특히 중병에 걸리면 감정변화는 용납될 수 없는 지경에 이른다. 영양학자들은 인체에 비타민 B2가 부족하면 삶의 관심이 줄어들고 기분의 점진적인 악화로 자살까지 초래할 수 있다고 한다.

감정은 인간의 정신세계에서 핵심적인 위치를 차지한다. 그 때문에 사회생물학자들은 감정이 이성보다 높고 위급한 시기에 주도적인 역할을 한다고 지적했다. 실제로 사람들이 좌절과 실패에 직면했을 때 이성으로 문제를 해결하기엔 역부족이다. 안내자로서 감정이 필요하다.

인간의 진화와 함께 감정은 신경계에서 선천적이고 자율적인 반응을 보여왔다. 타이타닉이 침몰했을 때 늙은 선장은 재난과 죽음 앞에서 사람들을 극도로 침착하게 유도했다. 그 뒤 배에 남아 차분하고 조용히 죽음을 맞이함으로써 많은 사람에게 감동을 주었다. 자기감정을 다스릴 수 있다는 사실과 그것의 중요성을 보여주는 장면이다.

감정과 이성은 공존한다. 사람들은 지능지수로 평가된 순수이성만을 중요하게 여기고 지나치게 강조한다. 하지만 감정에 지배되면 이성이 할 수 있는 것은 아무것도 없다.

◆ 하버드 심리센터 감성 코칭

감정의 힘을 무시해서는 안 된다. 대뇌변연계에서 작용하는 감정이 어떻게 표출하느냐에 따라 상황을 바꿀 수 있다. 개인의 감정이 자기 인생은 물론 역사도 바꾼다. 감정을 지배해보자. 훨씬 대단한 인생을 살 수 있다.

1. 인간이 가진 감정들을 세분화해 조사하고 상·중·하로 구분해보자.
2. 세분화한 감정들을 통해 자신이 느끼는 감정들을 체크해보자.
3. 극단적으로 표출되는 성향이라면 감정 조절이 필요함을 알고, 개선 방향을 찾아보자.

사랑이 싹튼다면
키울 방법을 구상하라

감정표현이 서툴러 행복을 놓치는 경우가 많다. 혹 사랑의 고백이 '철면피'로 비춰질까 두려워하고, '짝사랑'하는 것이 부끄러워 혼자 초조해한다. 누군가를 좋아하면 고백하면 된다. 거절당하는 것이 말하지 못하는 것보다 용기 있는 행동이다. 사랑의 고백도 적절한 준비법이 있다.

첫째, '한 나무에만 목 매달' 생각을 버려라. 좋은 남자는 아내를 찾지 못할까 걱정하지 않고 현명한 여인은 결혼 자체를 걱정하지 않는다.

둘째, 시도도 하지 않고 성공의 요행을 바라지 마라. 아름다운 사랑을 하려면 적극적이어야 한다.

셋째, 자신감을 가져라. 감성지수가 높은 사람은 사랑이 두 사람 간의 상호작용으로 나타나는 감정임을 안다. 자신이 상대를 좋아한다면 망설일 이유가 없다. 감성지수가 높은 사람이 사랑을 표현하는 몇 가지 방법을 알아보자.

긴장감 조성

상대에게 사랑의 라이벌을 만들어서 긴장감을 조성한다. 마르크스가 예니에게 사랑을 표현했던 방법이다.

"예니, 나는 누군가와 사랑에 빠졌고 그녀에게 사랑을 표현하기로 했어."

마르크스를 사랑하던 예니는 충격에 휩싸여서 정말 그녀를 사랑하느냐고 물었다.

"물론이야. 그녀는 내가 만난 여자 중 최고야. 나는 그녀를 영원히 사랑할 거야!"

예니는 슬픔을 참으며 담담하게 말했다.

"행복을 빌어!"

그때 마르크스는 자신이 사랑하는 사람이 바로 예니라고 밝혔다.

긴장감 조성은 상대에게 잊을 수 없는 장면을 선사한다. 따라서 아주 극적인 고백을 할 수 있다.

의미 있는 선물로 표현하기

특별한 날에 의미 있는 선물로 사랑을 고백해보자. 면전에서 거절당하는 당혹스러움을 피하는 좋은 방법이다. 낭만적인 분위기는 덤으로 추가된다.

한 소녀가 좋아하는 소년에게 자신의 마음을 표현하기 위해 생일 선물로 아름다운 카드 세 장을 준비했다. 첫 번째 카드는 빨간 옷을 입은 소녀가 소년에게 장난스러운 표정을 짓고 있고 위에는 "날 기억해줘!"라고 쓰여 있다. 두 번째 카드는 매우 아름다운 풍경에 "신이 창조한 가장 신비로운 감정!"이라는 말이 쓰여 있다. 세 번째 카드는 어린 소녀가 달을 올려다보고 있는 장면이다. 옆에는 "너무 보고 싶어!"라고 쓰여 있다.

의미 있는 선물로 감정을 표현하면 사랑을 기발하고 낭만적으로 표현할 수 있다. 로맨틱한 분위기 속에서 큐피드의 화살에 맞은 사람은 흔쾌히 받아들일 것이다.

복잡하게 함축하기

문화적 자질과 이해력이 높은 상대에게 고백하는 방식이다.

"전기밥솥을 큰 것으로 바꾸었는데 밥을 다 먹을 수가 없어. 내가 음식을 낭비한다는 오명을 쓰지 못하게 그냥 같이 먹는 건 어때?"라고 말하며 한 남자가 청혼했다.

이런 표현은 강한 상대성과 모험성을 지니고 있다. 상대가 당신을 좋아할 가능성이 크더라도 당신의 말을 이해하지 못할 수도 있다.

직접 털어놓기

직설적인 표현은 위선이 없다. 대담하게 사랑을 표현하는 방법은 다음 몇 가지 상황에 적용된다. 첫째, 상대가 솔직하고 단도직입적으로 본론에 들어가길 좋아한다. 둘째, 어느 정도 교제의 기초가 있는 사람이다. 셋째, 상대가 자신에게 감정이 있다는 것을 알고 있는 경우다. 넷째, 상대방이 둔한 사람이라서 대놓고 말하지 않으면 이해하지 못하는 경우다. 레닌이 크룹스카야를 쫓아다닐 때 썼던 방식이다.

"제발 내 아내가 되어주시오."

크룹스카야의 대답은 매우 간결했다.

"별수 있나. 아내가 되지 뭐!"

현실에서 "나는 너를 좋아해! 네 마음을 말해줘." 이런 단도직입적인 말은 거절할 수 없는 힘이 있다.

익살스럽고 유머러스하게

유머러스한 농담으로 신성한 사랑을 표현할 수 있다. 어색함과 부끄러움을 피할 수 있으면서 마음을 전달하기 좋은 방법이다.

"이렇게 큰 도움을 주다니 정말 고마워! 내 몸과 마음을 다 네게 바칠 거야. 아무리 생각해도 이렇게 해야만 내 고마운 마음을 표현할 수 있을 것 같아."

이런 방식은 고백이자 상대의 마음을 떠보는 방법이다. 상대의 대답이 어떠하든 서로 웃고 유쾌한 분위기에서 마무리될 것이다.

고백할 때는 성 역할과 감정의 농도를 잘 파악하자. 대담하고 적극적으로 자기 마음을 표현해야 한다. 포기하지 않는 정신만 갖춘다면 이미 사랑에서 절반은 성공한 것이다.

◆ 하버드 심리센터 감성 코칭

사랑에 대한 남녀의 차이는 분명하다. 유전자 구조의 차이로 사랑에 대한 심리도 다르게 반응한다. 바이런은 "남성의 사랑은 인생의 일부고 여성의 사랑은 인생의 전부다."라고 말했다. 이처럼 남녀의 애정관은 확연히 다르다. 사랑을 표현하는 데 있어서 이 차이를 알고 접근하면 유리하다.

1. 사랑하는 이성의 성향을 알아두자.
2. 이성이 자신에게 바라는 점은 무엇인지, 지적사항은 무엇인지 알아보자.
3. 이성이 원하는 모습으로 바꿀 용의가 있는지 생각해보자.

질투는 달콤하게 삼켜버리자

이성 간에는 불꽃 튀는 감정싸움이 보이지 않게 진행된다. 다만 이를 겉으로 표시를 내느냐의 여부에 따라 관용과 질투가 나뉜다. 관용적이라고 해서 질투를 느끼지 못하는 것은 아니다. 질투심이 없는 사랑은 영혼 없는 육체와도 같다. 연애의 과정에서 적절하게 질투해야 사랑의 건강 유지에 도움이 된다.

질투는 '신경 쓴다'의 대명사이다. 적당한 질투는 상대에게 중요도를 느끼게 하고 심적 만족감을 준다. 연인이 다른 이성과 다정하게 접촉해도 질투하지 않는다면 사랑이 종결로 가고 있다는 뜻이다. 적절한 질투는 사랑에 활력이 생기게 한다.

질투는 구애의 용기를 일으키고 적극성을 불러온다. 고백을 부끄러워하는 사람이라도 상대방이 이성과 비교적 친밀한 걸 보면 자극받는다. 더 늦기 전에 마음에 감춰둔 사랑을 말해야겠다고 자신을 독려한다. 만약 연인이 자신에게 소홀하게 대하면 제삼자를 적절하게 끌어들여 상대방의 질투심을 자극해보자.

질투를 잘하면 상대는 더욱 사랑하게 된다. 배타성과 독점성은 사랑의 두 가지 특징이다. 여자는 질투할 때 애교부리고 토라지며 눈물 흘린다. 남자는 질투할 때 사납고 독단적으로 행동한다. 질투를 배우라는 건 단순히 '질투의 여신'이 되라는 것이 아니다. 질투가 너무 많으면 사랑이 부식된다. 질투심이 지나치게 강하면 애정 생활에 위험을 가져다준다. 감정을 상하게 해서 갈등을 일으키고 관계의 파괴를 불러온다. 그러므로 질투를 일정한 범위로 억눌러 심리적 장애로 변하지 않게 해야 한다. 그렇다면 질투의 정도를 어떻게 조정해야 할까?

뜬금없는 질투하지 않기

사소한 외부적 자극에 너무 민감하게 반응하지 마라. 연인의 곁에 이성이 출현하기만 해도 질투로 소란을 피워 정상적인 사교생활에 영향을 미치면 안 된다. 연인이 매우 불쾌하게 여긴다. 연인의 곁에 이성이 있다고 항상 경계하고 질투하기보다는 자신이 너무 예민한 건 아닌지 돌아보고 너그러운 마음을 의식적으로 키우자.

질투도 품격이 있어야 한다

품격 없고 이미지를 생각하지 않는 질투는 연인의 반감을 산다. 품격을 잃은 질투란 다음의 상황이 포함된다. 감정을 통제하지 못해서 연인과 히스테릭하게 다툰다. 제삼자를 끌어들여서 끝까지 물고 늘어지면서 상대방을 난처하게 하는 것은 연인의 정상적인 사교생활을 제한하는 것이다.

질투의 빈도가 지나치게 높은 것은 좋지 않다

이따금 하는 질투는 서로의 감정을 촉진한다. 그러나 매일 질투하고 사사건건 질투하면 연인은 심적 피로감을 느낀다. 그렇게 되면 아마도 상대에게서 도망칠 궁리를 찾을 것이다.

연애 과정에서 질투는 애정의 훌륭한 조미료다. 단, 적당량의 질투여야 한다. 당신이 상대방을 매우 사랑하고 신경 쓰고 있다는 것만 표명하면 된다. 그것만으로도 사랑에 맛과 색깔을 더할 수 있다.

◆ 하버드 심리센터 감성 코칭

사랑하는 사이라면 질투로 상대를 옭아매지 말아야 한다. 사랑은 연날리기와 같다. 실을 너무 팽팽하게 당기면 연은 실에서 떨어져 나간다. 연인에게도 자신만의 공간이 필요하다. 누구든지 자기 삶의 주도권을 가지고 있다는 사실을 알아야 한다. 질투는 사랑의 영양제가 될 수도 있지만 극약이 될 수도 있다는 사실을 기억하자.

1. 질투심을 느꼈던 상황을 정리해보자.
2. 질투가 났을 때 자신의 행동을 점검해보자.
3. 질투로 상대방의 사랑을 테스트하지 말자.

이별했다면
사랑의 꼬투리를 잡지 마라

모든 사랑이 좋은 결과를 맺는 것은 아니다. 순풍에 돛단 듯 순조롭게 진행되지도 않는다. 사랑은 변하고 움직인다. 그로 인해 실연이 발생하게 마련이다. 서로 헤어질 때가 되었다면 시원하게 받아들이자. 어쩌면 진정으로 당신을 행복하게 해줄 사람이 멀지 않은 곳에서 당신을 기다리고 있을지 모른다.

실연의 늪에서 좀처럼 헤어 나오지 못하는 사람이 있다. 스스로 괴로움의 수갑을 채우는 것이다. 아름다운 사랑의 감정을 포기하지 못하고, 가졌던 것을 내려놓지 못하면 고통이 어깨와 마음을 눌러서 당신을 괴롭힌다. 새로 시작될 사랑과 행복을 날려버리는 꼴이다. 하버드 심리센터 연구원들은 감정 상실의 늪에서 헤어 나오지 못하는 주요 원인 몇 가지를 찾았다.

사랑의 자극에 이미 몸이 익숙해졌다

사람은 매일 호흡하면서 살아간다. 그러나 공기의 중요성을 느끼지 못한다. 부족한 상태에 이르러서야 '응? 공기가 왜 안 보이지? 나는 왜 이렇게 괴롭지?'라고 깨닫는다.

갑자기 자기중심의 느낌을 잃어버리면 심적 균형을 잃는다

상대가 보여주는 사랑은 당신을 자기중심적 심리로 키운다. 그 즐거움에 깊이 빠질 수 있다. 사랑하는 사람이 떠나면 그 우월감이 깨지고 일 푼의 가치도 없는 곳으로 들려 나온다. 이런 변화에 적응하지 못해서 하늘이 무너지는 기분이 드는 것이다.

'좌절 매력'이라는 심리 규칙은 떠난 상대방을 더욱 사랑하게 한다

심리학자는 실연을 '항의'와 '절망 포기' 두 가지 단계로 나누었다. 항의 단계에서 실연한 쪽은 최선을 다해 상대를 만류한다. 그 과정에서 좌절할수록 용감해진다. 헤어진 연인에 대한 사랑도 이 과정에서 끝없이 깊어진다. 좌절 매력의 현상이다. 항의 단계에서 인체 내 도파민이 증가해 거절한 연인에게 강한 열정을 느끼는 것이다. 도파민은 일종의 근육 운동을 통제하고 만족감을 주는 화학물질이다.

실연이 유발하는 우울함은 상대방이 더욱 필요하다고 느끼게 한다

미국 캘리포니아대학 사회학자에 따르면 실연한 사람은 우울증을 앓을 확률이 매우 높다고 한다. 사랑을 되찾는 것보다 중요한 일은 없지만 불가능하다는 것을 아는 까닭이다.

시작이 있으면 끝이 있는 법이다. 사랑 역시 마찬가지다. 지금 헤어지지 않는다고 해도 언젠가는 어떤 원인으로 헤어질 수 있다. 사랑이 끝나면 괴롭고 슬픈 것은 당연하다. 하지만 감정조절을 통해 이런 고통과 상처를 치유할 수 있다는 걸 알아야 한다.

사랑이 떠났다고 해서 괴로워하고 원망하거나 후회하지 말자. 매달리거나 만류하지 말고 상대에게 보복할 생각은 더더욱 하지 마라. 감성지수가 높은 사람은 상대방을 인정하고 보내준다. 사랑했기에 상대방을 축복한다. 헤어진 이후에 절대 "나는 너를 원망해."라고 말하지 않는다. 너무 옹졸한 사고방식이라는 것을 알기 때문이다. 사랑은 두 사람의 일이다. 헤어짐의 원인은 어느 정도 자신에게도 있다. 헤어진 이후 두 사람이 즐거웠던 시절을 떠올리는 건 매우 쓸쓸한 일이다. 그렇지만 상대는 당신의 쓸쓸함에 마음 아파하지 않는다. 사랑이 그리워 우울해진다면 차라리 그 일에서 고개를 돌려버려라.

죽기 직전이 아니라면 가장 사랑했던 사람이 누구인지 절대 말하지 마라. 인생은 길다. 다음에 오는 사랑이 얼마나 강렬할지 아무도 모른다. 어쩌면 당신의 진정한 사랑이 다음 모퉁이에서 기다리고 있을지 모른다. 슬픔을 입에 달고 있지도 말자. 친구나 당신의 사랑 이야기를 아는 사람이라면 이미 당신의 불행함과 슬픔을 보았다. 단단해져야 더욱 용감하고 돋보이게 할 수 있다. 상대방이 떠나고 당신도 더 잘 지낼 수 있다는 모습을 보여줘야 누구도 당신을 쉽게 보지 않는다.

헤어졌지만 아직도 사랑한다면 큰소리로 "사랑해! 그렇지만 너와는 상관없어."라고 알리자. 사랑은 당신의 권리이니 말하고 싶은 건 말하자. 상대의 마음속에 이미 내가 없을지라도 그림자는 남아 있을 것이다.

사랑에 대한 추억을 떠올릴 때는 상대의 좋은 점과 아주 좋았던 순간을 기억하고 마지막에 누가 배신했는지는 신경 쓰지 말자. 즐거웠으면 된 거다. 최대한 빨리 원래 모습으로 돌아와야 한다. 세상은 어제와 똑같이 해가 뜨고 해가 지고 아름다운 순간이 있다. 상대는 이미 과거가 되었다. 지나간 이상 더는 마음에 걸어둘 필요가 없다. 그 사람은 당신에게 어울리지 않는다. 당신에겐 더욱 찬란한 내일이 있다!

◆ 하버드 심리센터 감성 코칭

실연의 괴로움은 우리를 평생 따라다니지 못한다. 시간이 모든 것을 해결해줄 것이다. 당신의 상처가 얼마나 깊은지 몰라도 시간이 지나면 서서히 옅어진다. 훌훌 털어버리고 앞을 향해 나아가자. 일출을 지나쳤다면 일몰은 놓치지 말자. 일몰을 놓쳤다면 무수한 별을 놓치지 말자.

1. 떠나간 사랑과 쌓인 추억을 드라마 시청하듯이 되살려보자.
2. 헤어진 연인에 대해 하고 싶은 말을 생각나는 대로 읊조리자.
3. 스마트폰에 남아 있는 흔적을 하나씩 지우자. 단호할수록 깔끔하게 잊힌다.

사랑의 신선도를 유지하려면 로맨틱을 가미하라

완벽한 사랑을 꿈꿔보자. 먼저 완벽한 사랑이 가능하다는 것을 믿어야 한다. 예일대학 교육학 교수이자 심리학자 로버트 스턴버그는 1980년 초부터 심리 계량학 관점에서 사랑의 본질을 탐구하기 시작했다. 그는 '사랑의 삼각이론'을 주장하며 사랑은 '친밀감, 열정, 헌신' 이라는 세 가지 기본 원소를 가지고 있다고 했다. 이 세 가지 원소를 다른 배열로 조합하면 7가지 유형의 사랑이 만들어진다.

삼각형 모양에 따라 다른 사랑이 가능하다는 것이다. 삼각형 면적의 크기는 사랑의 크기이고, 삼각형의 모양은 사랑의 모양이며, 부등변의 사랑은 사랑의 불균형을 대표한다. 삼각형의 중심에서 멀리 있는 꼭짓점이 사랑의 주요 성분이다. 반대로 삼각형 중심과

	명칭	원소	특징
1	좋아함	친밀감	서로 좋아하고, 이해하고, 기대하는 걸 중시함
2	도취성 사랑	열정	성적인 매력의 유혹, 예를 들어 첫사랑
3	공허한 사랑	헌신	필수적 내용이 부족하고, 결혼을 위한 결혼
4	낭만적 사랑	열정 + 친밀감	과정을 존중하고 결과는 신경 쓰지 않음
5	우애적 사랑	친밀감 + 헌신	권리와 의무만 있고, 감정은 없음
6	얼빠진 사랑	열정 + 헌신	헌신이 부족하여 모든 것이 공수표
7	완전한 사랑	친밀감 + 열정 + 헌신	이것이야말로 가장 이상적인 형태의 사랑

가장 가까이 있는 꼭짓점이 사랑에 있어서 부족한 성분이다. 완전한 사랑은 완벽한 정삼각형이다. 친밀감, 열정, 헌신 세 가지 원소의 비율이 적절해야 비로소 완전한 사랑을 이룰 수 있다. 다음에 제시된 완벽한 사랑의 비결을 보자.

낭만과 열정을 과도하게 상상하지 마라

행복은 밥 한 공기, 반찬 한 접시, 국 한 그릇처럼 소소한 것에서 나타난다. 낭만과 열정은 연기처럼 짧다. 성실하고 평범한 것이야말로 영원하다. 과도한 열정과 낭만은 사람의 마음을 지치게 하지만 평범함은 조용하고 평온하게 해준다. 당신이 식초 한 접시를 마시고 소금 한 숟가락을 먹고 고추 한 움큼을 씹으면 생수가 가장 맛있다고 생각할 것이다. 낭만과 열정은 꿀이나 술처럼 더하면 금상첨화인 것에 지나지 않는다.

로맨틱을 끝까지 진행해야 한다

두 사람이 함께한 지 오래되었다면 열정과 낭만이 줄어들 수밖에 없다. 하지만 사람은 신선함을 추구하는 본성이 있기에 유혹이 나타나면 사랑의 감정을 끝까지 유지하기 힘들다. 로맨틱을 끝까지 견지해서 상대의 심장이 평생 당신만을 향해 뛰게 만들자.

상대를 위해 헌신하고 사랑의 책임을 질 줄 알아야 한다

자유를 구속하고 속박하는 건 사랑의 헌신이 아니다. 사랑의 책임은 구속과 속박이 아니다. 비상하려는 날개를 절단하지 않는 것이다. 책임은 사랑을 더욱 완벽하고 성숙하게 한다. 사랑이 서로를 훨씬 더 행복하고 즐겁게 만든다는 걸 알아야 한다.

사랑은 배우고 훈련해야 한다. 그리고 사랑을 키워야 뿌리를 내리고, 발전하고 오래 유지될 수 있다. 다음은 사랑을 키우고 발전시킬 수 있는 6가지 기술이다.

① '자기 찾기'는 '상대방 찾기'의 전제조건

사랑에서 "나를 찾은 다음 상대를 찾아라."라는 말보다 더 중요한 이념은 없다. 자기를 찾아야만 자주적인 삶과 사랑이 생긴다. 자신을 찾지 못하는 사람은 이상적인 대상을 찾기도 힘들다. 사랑을 찾아서 보금자리로 들어간다고 해도 마지막에는 삶의 각종 시련을 막아주지 못한다. 결국 상처만 쌓였다는 걸 깨달을 것이다.

② 사랑을 표현하는 법 배우기

사랑을 표현하는 것은 사랑의 입문 기술이다. 나무가 자라지 않으면 나무가 아니고 종이 울리지 않으면 종이 아니다. 마음속에만 두고 있다면 사랑이 아니다. 표현하는 법을 모르면 아무리 아름다운 인연이라도 지나칠 수밖에 없다.

③ 거리를 유지하는 아름다움

사랑은 불과 같다. 불은 따뜻함을 주기도 하고 재앙을 주기도 한다. '사람을 따뜻하게 하는 불'이 과하면 '사람을 두렵게 하는 불'로 변한다. 친밀도를 유지하려면 사랑하는 사이에 약간의 거리가 있어야 한다. 대상이 있다면 자기도 있어야 하고 자기가 있으면 대상도 있어야 한다. 이것이 바로 사랑에서 거리를 두는 아름다움이다.

④ 정확한 사랑 방식 택하기

사람들은 각자의 방식으로 사랑한다. 자기만의 방식을 고집하면 상대에게 행복을 줄 수 없을 뿐만 아니라 사랑이라는 이름으로 상처를 줄 수 있다. 아무리 애절한 사랑이라도 상대가 좋아하지 않는 방식을 취하면 상대를 다치게 하는 흉기로 변할 수 있다.

⑤ 연인이 영원히 우리를 이끈다

괴테의 《파우스트》에 "여성적인 것이 영원히 우리를 이끈다."라는 말이 있다. 사실 "연인이 영원히 우리를 이끈다."라는 말로 바꾸는 게 더 적절하다. 위대한 연인은 매력, 인격, 감정을 북돋아 성장하게 한다. 그들의 존재로 우리의 삶이 환골탈태할 수 있다. 가장 아름다운 사랑은 서로의 발전을 돕는 관계이다.

⑥ 불시에 로맨틱한 분위기 만들기

사랑의 마력은 영혼을 뒤흔드는 것에 있다. 서로 알아가고 호감을 느껴 사랑하고 식사를 하는 것부터 잠자리까지 로맨틱한 분위기의 조성은 매우 중요하다. 로맨틱은 사랑의 윤활제이다. 사랑과 결혼생활을 아름답고 행복하게 영위하기 위해서는 시시때때로 로맨틱한 분위기를 만들어야 한다.

영화 〈나인 하프 위크〉에서 주인공들은 서로에게 호감을 느껴 최대한 마음을 쓰지만 끝내 자신의 사랑을 표현할 더 나은 방법을 찾지 못해 안타까워한다. 그러다 남자 주인공은 시계를 선물하고 그녀의 두 눈을 응시하며 "매일 12시마다 이 시계를 보면서 나를 생각해줄 수 있겠어?"라고 말한다. 여자 주인공은 감동하며 그의 구애를 받아준다.

낭만은 아주 단순하다. 작은 꽃다발이나 달콤한 한 마디, 아니면 부드러운 눈빛과 행동이 이루 말할 수 없는 낭만을 가져온다. 달콤한 사랑은 로맨틱하고 따스한 분위기로 꾸며야 한다는 사실을 기억하자. 과감하게 상상하고 창조해야 한다. 그것만이 아름다운 사랑을 오래도록 유지할 수 있도록 만든다.

◆ 하버드 심리센터 감성 코칭

사랑은 영원할 수 없다. 틀에 박힌 것도 아니라서 색채를 더해야만 반짝거린다. 사람들은 모두 빛나는 사랑을 가지길 원한다. 일단 사랑을 시작했다면 그 사랑에 리듬을 더하라. 무미건조한 사랑은 일찍 질리는 법이다. 사랑에 깜찍한 작전을 세우면 판타스틱한 사랑의 리듬이 탄생한다.

1. 사랑을 시작했다면, 상대를 즐겁게 해줄 수 있는 방법을 찾아보자.
2. 사랑을 표현하는 방법에도 여러 가지가 있다는 사실을 기억하자.
3. 상대가 좋아하는 장소나 분위기를 알아두자.

결혼이라는 배에 올라탔다면 상대의 말을 경청하라

제프와 마리 부부가 TV를 시청하고 있는데 아이가 옆에서 큰 소리로 떠들며 놀고 있었다. 시끄러워 도무지 TV에 집중할 수 없었던 제프가 신경질을 냈다.

"아이가 너무 떠드는 것 같지 않아?" (제프의 생각: 마리는 아이를 너무 방임하고 있어.)

이 말에 불쾌함을 느낀 마리는 남편에게 말했다.

"재밌게 놀고 있는데 왜 그래?" (마리의 생각: 온종일 표정도 안 좋고, 왜 저러는 거야.)

제프는 진심으로 화가 났다.

"당신이 재우면 안 돼?" (제프의 생각: 이런 별거 아닌 일도 해주지 않으면 정말 화낼 거야.)

마리는 조금 두려웠다.

"알았어, 재우고 올게." (마리의 생각: 이 사람이 화를 내면 애랑 나만 고생이니까 타협하는 게 낫겠어.)

마리는 남편이 화를 잘 내고 강압적으로 행동하고 집안의 평온을 깬다고 생각한다. 제프는 아내가 자신을 존중하지 않아서 자기 말을 듣지 않는다고 생각한다. 한쪽은 박해고 다른 쪽은 불만이다. 이대로 가면 그 결과는 불에 기름 붓는 격으로 서로에게 상처만 준다. 이것은 감정 이면의 경계이다. 경계가 무너지는 순간 신경계의 메커니즘을 건드려서 수습할 수 없는 국면을 불러온다. 위의 예시에서 아마 마리가 타협하지 않았다면 틀림없이 부부싸움으로 이어졌을 것이다.

감정조절의 실패로 유발된 대립은 서로 상대의 잘못만 기억한다. 장점은 전부 뒷전이 된다. 아내의 다정함은 겉과 속이 다른 이중성이 되고, 남편의 짜증은 히스테릭으로 이해한다. 이런 경우 감성지수가 높은 부부는 배우자의 말에 숨겨진 뜻을 이해하는 데 능숙하다. 원활한 감정 교류로 불쾌한 일은 빨리 잊고 현재 상황을 최대한 부드럽게 해석한다.

결혼생활이 안정기에 접어들면 관계의 인지모형이 만들어진다. 인지모형이 낙관적이면 혼인 관계의 유지와 발전에 도움이 된다.

비관적이면 숨겨진 장애물이 된다. 만약 아내의 인지모형이 "남편은 이기적이고 교양이 매우 없어. 그런 본성은 바뀌기 힘들어. 그는 나한테 일만 시키고 내 감정에는 관심이 없어."라고 형성된다면 부부가 교류하는 모든 순간에 끊임없는 다툼이 일어날 것이다.

반면 아내의 감정 인지모형이 '그는 오늘 기분이 그다지 좋지 않아. 이전에는 매우 다정했었으니까 오늘은 무슨 기분 좋지 않은 일이 생긴 것 같아. 직장에서 성가신 일이 생긴 걸까?'라고 생각해보자. 이러한 인지 패턴은 불쾌함이 있긴 하지만 뒤집힐 정도의 위험은 아니다. 다툼을 피하고 대화로 조화로움을 찾을 가능성이 포함돼 있다.

부부는 결혼이라는 배의 조타수다. 한 사람에게만 의지해선 안 된다. 두 조타수의 협력이 중요하다. 상대를 무너뜨리려는 조타수는 언제든지 배를 전복시킬 위험이 있다. 동행하는 조타수는 최대한 낙관적으로 서로의 감정을 인지해야 한다. 비관적인 생각을 자주 가지면 감정조절의 실패를 초래한다. 정상적인 행동이 속수무책의 결말로 이어질 수도 있는 것이다.

상대방의 행동에 분노나 속상함을 느낀다면 결혼은 돌이킬 수 없는 국면에 처할 수 있다. 이때 비난에 호소하면 상대방은 피하거나 냉담하게 저항한다. 비관적인 인지 패턴에 폭력적 성향까지 더해지면 결혼생활은 위험해진다. 폭력성향이 두드러진 남편은 학교의 불량한 아이처럼 멀쩡한 행동에도 삐뚤어진 핑계로 난폭한 기운을 풀어낸다. 아내가 경멸이나 배척 또는 모욕을 드러내지 않더라도 자신의 고정적인 감정인지로 아내를 판단한다. 아내에게 사랑을 이야기하면 자신이 낮아지는 것 같아서 강압적인 행동을 취하는 것이다.

결혼에 대한 인지 패턴은 배우자의 감정 이해와 감정 충돌의 한계를 결정한다. 상대에 대한 타당하지 않은 감정인지는 상처에 소금을 뿌리는 격으로 결혼 위기를 유발한다. 감정 충돌로 끔찍한 기억들을 되살리고 혼란스러운 악순환을 반복하는 것이다.

결혼 자문 전문가는 혼인 관계를 유지하기 위해서는 다음 문제에 주의해야 한다고 말한다.

남성은 말다툼을 용감하게 마주해야 한다. 아내가 어떤 문제에 불만을 표하거나 제안하는 건 화목한 결혼생활을 유지하려는 동기에서 나온다. 아내는 분노와 언짢음에 휩싸여 자신이 인신공격을 하고 있다는 사실을 인지하지 못한다. 단지 사건에 대한 느낌을 강조하고 싶기에 말을 쏟아낼 뿐이다.

불만이 오래 쌓이면 결국 폭발하게 된다. 소통이 잘 되면 스트레스는 줄어든다. 따라서 남편은 문제해결에 급급해선 안 된다. 아내는 자기 말을 진심으로 경청하고 자기감정을 이해해주고 있는지를 중시한다. 해결 방안만 일방적으로 내놓으면 자신의 감정이 묵살

되었다고 해석할 것이다. 따라서 남편은 인내심 있게 아내의 화가 가라앉을 때까지 기다려야 한다. 아내가 존중받는다는 기분이 들도록 해야 한다.

아내들에게 조언하자면 남편들이 가장 곤혹스러워하는 건 아내의 불평이 너무 격렬해지는 것이다. 인신공격은 최대한 피해야 한다. 어떤 사건의 원망과 분노를 사람에 대한 비난으로 상승시키지 말아야 한다. 비난하면서 무시를 섞는 일은 더더욱 하지 말아야 한다. 그렇지 않으면 남편은 분노한 상황에서 방어적으로 냉전을 택한다. 지금 토해내는 불만이 사랑에서 비롯된 것임을 느끼게 하자. 남편이 이 부분을 이해하면 그의 감정이 무너지기 전에 차분해질 수 있다.

부부 사이에도 경청은 결혼생활을 유지하는 중요한 힘이다. 아내에게 남편은 이것저것 다 털어놓을 수 있는 대상이다. 여성은 감정이 풍부해서 각종 자극에 뚜렷한 반응을 보인다. 감정기복도 쉽게 일어난다. 그런데 남편은 결혼 전만큼 다정하게 위로해주지 않는다. 이런 남편의 변화는 아내의 잔소리를 가중시킨다. 잔소리는 남편과 대화하고 싶다는 행동이므로, 남편은 이때 아내의 말을 경청하는 게 좋다.

잔소리는 자칫 격한 말다툼으로 이어질 수 있다. 서로 양보하지 않고 상대를 비난하고 욕설을 퍼붓는 것에만 신경 쓴다면 이런 결과가 초래될 수 있다. '네 말을 듣고 있으니까 작게 말해줬으면 좋겠어.'라는 말이 남편의 속마음일 것이고, 아내의 속마음은 '내 이야기를 듣는 모습을 보여주면 목소리를 낮출게.'라는 말일 것이다.

서로 화해의 의도를 외면하면 말다툼이 일어난다. 원망을 받은 쪽은 자기방어에 급급해서 못 들은 척하거나 반박한다. 이혼으로 치닫는 부부는 쟁론 중인 문제에만 매달려 있어서 상대방 말 속의 화해의 의도를 눈치채지 못한다. 불평이 변화를 꾀하려는 행동이라는 것을 모르는 것이다.

다투면서 냉정함을 유지하는 사람은 별로 없다. 몇 마디로 이성을 잃어버린다. 감정 충돌에서 반성하는 건 높은 수양의 단계를 요구하는 일이다. 적개심이나 부정적인 성분을 걸러내면 상대방의 정보를 정확하게 이해할 수 있다.

부부 요법에서 경청 기술은 '반사법'이다. 한쪽이 불평할 때 다른 한쪽이 반복해서 그 불평의 내용을 표현하고 감정을 전달하는 것이다. 상대방이 진실한 감정을 전달하지 않으면 다시 되풀이 된다. 이렇게 하면 상대의 말에 포함된 감정 내용을 이해하게 되어 진정한 감정 교류가 가능해진다. 간단한 반복은 곧 발생할 감정 충돌을 형체도 없이 사라지게 한다. 더불어 새로운 감정 붕괴가 일어나지 않도록 하는 예방책이다.

◆ **하버드 심리센터 감성 코칭**

말다툼 중에 상대의 관점에서 문제를 관찰하는 건 매우 필요하다. 상대에게 이야기를 경청하고 있고 뜻을 이해한다고 말해야 한다. 습관성의 반응 패턴은 끊임없이 연습해야 감정 충돌 전에 자각하고 활용할 수 있다. 이는 결혼생활 감성지수를 활성화하는 방법이 될 수 있다.

1. 말다툼의 출발점을 찾아보자.
2. 갈등을 초래한 원인이 상황이었는지, 감정 때문이었는지 냉정하게 따져보자.
3. 같은 상황을 반복하지 않기 위해 당신이 수정할 습관성 반응 패턴을 생각해보자.

부부는 두 개체의 합이지 하나의 공동체가 아니다

모래사장에서 모래 두 입자가 만나서 사랑을 했다. 그중 한 입자가 다른 입자에게 "나는 나를 갈아서 너를 안을 거야. 우리 영원히 떨어지지 말자."라고 말하자 다른 입자도 그러자고 대답했다.

두 입자는 서로의 몸을 밀착시켰다. 둘 다 자신을 갈아서 완전히 하나로 융합되어 누가 누구인지 구분할 수 없게 되었다.

사랑하는 남녀는 모래사장에서 우연히 만난 두 모래 입자와 같다. 인연으로 서로 끊임없이 마찰해야만 융합된다. 마찰할 때 매우 아프지만 절대 자신감을 잃지 말자. 그렇지 않으면 삶의 조수潮水는 융합하기 전에 당신들을 바다에 밀어 넣고 다시는 만나지 못하게 할 것이다.

부부 사이의 조화는 단순하지가 않다. 이해와 포용이 있어야 가능하다. 서로의 감정을 소중하게 생각하고 상대의 기분까지 관심을 두어야만 완성될 수 있다. 서로 바뀌려 하지 않고 상대방에게 지적만 한다면 부부 사이에 마찰은 끊이지 않는다. 결혼생활에도 빨간 불이 켜진다.

결혼은 부부가 마찰을 거쳐 빈틈없이 맞물리는 과정이다. 서로 상대에게 적응하는 과정이다. 급류가 하천의 바닥에 적응하는 것처럼 이런 조화에 적응해야 흐르는 물처럼 결혼생활도 자연스러워진다. 그러나 이와 반대가 되면 편차와 장애가 생긴다. 이해라는 건 상대방의 처지와 감정을 세심하게 배려하는 것이다. 상대방이 좌절할 때 비난하거나 빈정대지 않고 존엄성을 지켜주는 것이다. 상대에게 생각할 시간이 필요할 때 소란을 피우지 않으며 감정적으로 똑같이 굴지 않아야 한다. 이해심을 키우면 상대의 감정을 세심하게 살필 수 있어 다툼을 피할 수 있다.

상대방을 아이처럼 대해선 안 된다. 자신이 존중받지 못한다는 판단이 서면 상대는 환멸을 느낀다. 서로 멀어지고 관계가 끝날 수 있다. 상대의 잘못을 지적하고 결점을 들춰 처리 방법을 알려주는 순간 당신은 그의 윗사람이 된다. 아내를 혹은 남편을 윗사람으로 모시고 싶은 사람은 아무도 없다. 지적은 상대의 체면을 깎을 뿐 절대 효과적이지 않다는 사실을 기억하자.

한 남편이 실직을 했지만 아내에게 알리지 않았다. 매일 출근하고 퇴근하는 척했다. 그는 생활비를 벌기 위해 공장에서 벽돌을 나르는 임시 직업을 찾았다. 아침에 작업장에 출근하고 저녁에 먼지투성이의 작업복을 벗고 정장으로 갈아입은 후 집으로 돌아왔다. 어느 날 저녁 식사 도중 아내가 물었다.

"당신, 이직하고 싶다고 하지 않았어요? 마침 어떤 회사에서 급하게 사람을 찾던데 그 일이 당신 전공이랑 잘 맞을 것 같은데 일단 가볼래요?"

아내는 명함을 남편에게 건넸다. 남편은 이번 달 내내 식탁에 올라온 목이버섯 볶음 고기를 보았다(목이버섯에는 먼지를 제거하는 효능이 있다). 남편은 아내가 자기 사정을 다 알고 있었고 자신을 위해 특별히 이 반찬을 해주었다는 사실을 깨달았다.

"여보, 당신은 정말 좋은 사람이야!"

남편은 감동하며 말했다. 아내는 그를 향해 미소지어주었다.

상대의 감정을 세심하게 살피고 배려하면 부부간의 충돌을 피할 수 있다. 다툼이 이미 시작되었다면 절대로 이겨야겠다는 마음가짐을 고수하지 말자. 결혼은 함께 살아가는 것이지 전쟁이 아니다. 적당한 때에 약한 모습을 보여주는 것도 필요하다.

서로 다른 환경에서 자라고 경험과 성격도 다른 두 사람이 같은 길을 걸어가려면 서로 이해하고 적응하는 과정이 필요하다. 다툼을 포기하는 건 희망을 선택하는 것이다. 사랑하는 사람을 바꾸려 하지 말자. 얻는 것보다 잃는 것이 더 많다. 누구나 각자의 고집이 있다. 그 고집이 반항심을 일으킨다면 그 사람은 결혼에서 도망치는 것이다.

사사건건 따지다 보면 대립하고 논쟁하게 된다. 지극히 사소한 일에도 우열을 가리려고 한다. 현명하지 못한 행동이다. 지나치게 감정적이면 가정생활의 도리를 더욱 혼란스럽게 만든다. 쟁론과 말다툼은 한순간 승리할 수 있다. 하지만 상대에게 억지를 쓴다는 인상을 주기 쉽고 두 사람의 감정을 상하게 만든다. 이대로 나가면 두 사람은 지루하고 피곤해진다. 약한 모습을 보여주는 것이야말로 현명한 해결방법이다.

우리는 관용으로 결혼을 경영해야 한다. 섹시함이 패션에서 최고 경지라면 관용은 결혼생활에서 최고 경지다. 두 사람이 지내면서 갈등이 없을 수 없다. 그럼에도 화목한 결혼을 유지할 수 있는 건 관용 덕분이다. 부부는 서로 양보해야 한다. 상대방의 잘못을 마음에 담아두지 말자. 집은 애정을 논하는 곳이지 도리를 따지는 곳이 아니다. 도리를 너무 자주 논하면 애정은 덤덤해지게 마련이다. 사랑한다면 그의 모든 것에 관용을 베풀자. 관용은 사랑의 가장 아름다운 구현이다. 소통의 폭을 넓히면서 자신의 편안한 영역을 넓힐 수 있다.

감정을 저축해보자. 생필품처럼 자질구레하고 소소한 일에 반응하며 감정을 소모해서는 안 된다. 장기적인 결혼생활을 위해 감정을 저축할 줄 알아야 한다. 사람의 마음에는 감정이라는 계좌가 있다. 누가 자신에게 잘하고 못 하느냐에 따라, 자신은 누구에게 얼마나 갚아줘야 할지 다른 사람은 자신에게 얼마를 빚졌는지 기억한다. 감정 계좌에 진실한 사랑과 암묵적인 이해를 저장하면 더 많은 행복을 취할 수 있다. 더불어 흐뭇함이라는 이자도 얻는다. 다툼과 고민은 인플레이션과 같다. 감정을 끊임없이 저장해야만 결혼생활이 평가 절하되는 것을 막는다.

배우자에게 당신은 충분히 매력적이고 능력 있는 사람이라는 것을 일깨워줘라. 속박하지 말고 프라이버시를 충분히 존중해주어야 한다. 배우자를 좋아할수록 그 사람을 잃을까 두려운 나머지 열성적으로 감정을 뱉어내서 상대를 옭아매려 한다. 덩굴나무처럼 조금도 움직일 공간을 주지 않는다. 그 결과는 무엇일까.

사람은 자유를 갈망한다. 부부 사이에 적정한 자유와 무관심은 함께 지내는 데 더할 나위 없는 신뢰를 형성한다. 반면 상대방의 일정을 엄격하게 감시하는 행동은 상대를 질식하게 만든다. 조금 풀어줬다고 바람을 피우는 사람이라면 차라리 없는 게 낫다.

다정한 부부 사이라도 조그마한 마찰을 피할 순 없다. 건조함을 유지하지 않으면 습기와 곰팡이가 생기듯 사랑에도 부작용이 따른다. 따라서 일정한 거리를 두고 건조함을 유지해야 불리한 습기를 흡착할 수 있다. 사랑은 두 개체의 합이지 하나의 공동체가 아니다.

◆ 하버드 심리센터 감성 코칭

영원한 삶의 주제인 결혼은 인생의 질과 가치를 결정한다. 결혼은 이성의 조합이지 운명으로 정해진 것이 아니다. 세상에 완벽한 사람은 없지만 완벽한 결합은 가능하다. 서로 조화를 이루려 애쓰고 관계의 감성지수를 키우려 노력하자.

1. 편한 부부 사이라도 서로 이성적 매력을 잃지 말자.
2. 배우자를 칭찬하고 인정하는 말을 자주 해주자.
3. 배우자가 가장 싫어하는 말과 행동을 기억해두고 스스로 삼가자.

PART 7

감성은 능력의 날개다

Harvard's 100-Year

Traditional Emotion Class

✦ ✦ ✦

사회적 성공은 누구나 열망한다. 자기 분야에서 인정받아 승승장구하고 싶고, 승진하여 탄탄대로 걷기를 원한다. 고소득을 올리며 남부럽지 않은 삶을 영위하고 싶어 한다. 우리가 최선을 다하고 열심히 사는 이유이다. 이 모든 목표와 사회생활에 감성지수의 영향력이 발휘된다. 감성지수를 높이면 사회라는 전쟁터에서 승리할 수 있다.

자신과 맞는 일에서 나비효과가 일어난다

사람은 저마다의 특징과 기질이 있다. 그에 따라 개인이 발전하는 환경에도 차이가 난다. 자신에게 적합한 환경을 찾아 노력하면 성공 가도를 달릴 수 있다. 감성지수가 높은 사람은 그 환경을 찾아내는 능력이 뛰어나다. 자기 발전에 유리한 환경과 불리한 환경을 정확히 분별해내 자기 인생의 가치를 올린다.

1950년대 초, 아인슈타인은 자신을 이스라엘 차기 대통령으로 추대한다는 편지를 받았다. 그가 이스라엘 대통령이 된다면 유대인의 위대함을 드러낼 뿐만 아니라 유대인의 찬란한 미래를 보여주는 일이라고 적혀 있었다. 이에 대해 아인슈타인은 입장을 표했다.

"저는 한평생 객관적인 물질을 다룬 사람입니다. 행정적인 업무를 처리하는 능력과 다른 사람을 공정하게 대하는 경험이 부족하지요. 이런 중임을 맡기에는 적합하지 않습니다.”

마크 트웨인은 사업을 한 경험이 있는데 처음에는 타자기 사업에 몸담았다가 사기를 당해 19만 달러를 날렸다. 두 번째는 출판사를 운영하다가 10만 달러를 날렸다. 두 번의 사업 실패로 다년간 모은 재산이 바닥났고 주식으로도 부채가 생겼다. 아내 올리비아는 남편이 사업할 재목은 아니지만, 누구보다도 뛰어난 문학적 재능이 있다는 걸 알았다. 그가 다시 심기일전하여 창작의 길을 갈 수 있도록 설득했다. 아내 덕분에 실패의 고통을 빠르게 떨친 마크 트웨인은 문학 창작 영역에서 영광을 맞이했다.

“제자리를 잘못 찾은 보물은 폐물과 같다.”라는 프랭클린의 말을 기억하자. 자신과 맞지 않는 영역에서 살길을 찾으면 난관만 거듭될 뿐이다. 잘해내지 못하면 실패가 잇따른다. 그로 인해 삶의 의욕까지 상실하게 된다.

자신에게 잘 맞는 토양을 찾아내야 건강하고 무성한 가지와 잎을 얻을 수 있다. 자신이 가치 있게 여기는 목표를 향해 나가자. ‘가치 있다’라는 건 기본적으로 다음 세 가지 기준을 충족해야 한다.

가치관에 부합하는 것

자기 가치관에 부합해야 열정적으로 실행한다.

개성과 성질에 부합하는 것

개성과 성질에 어긋나는 일은 실행할 만한 가치가 없는 일이다. 실행하기도 어렵다. 가령 조용하고 내향적인 성격을 가진 사람이 영업을 맡는다면 의심할 여지없이 효율이 떨어진다.

현실적인 상황과 장기적인 이익에 부합하는 것

가치 여부는 장기적으로 봐야 한다. 기업에서 잡다한 업무를 맡으면 당장은 가치가 없는 일이지만 그 일을 거쳐 승진을 거듭한다면 가치 있는 일이다.

1963년 12월, 에드워드 로렌츠는 "미국 텍사스 주에서 발생한 토네이도는 브라질 밀림의 나비 한 마리의 날갯짓으로 인한 것일 수도 있다."라고 발표했다. 나비의 날갯짓이 주변 대기에 변화를 가져온다는 것이다. 그 규모가 미미할지라도 연쇄반응을 일으키기 때문에 다른 시스템에 거대한 변화를 일으킨다고 했다.

로렌츠의 강연은 모두에게 깊은 인상을 남겼다. 그 후 사람들은 전혀 관계없어 보이는 작은 요소와 거대한 변화 사이에 긴밀한 연결 고리를 '나비효과'라고 불렀다. '나비효과'가 가진 과학적 논리와 대담한 상상력에 매료된 것이다.

1485년 보즈워스 전투가 벌어졌다. 전투 전 리처드 3세는 마부에게 전투마의 말발굽을 만들라고 지시했다.

대장장이는 "잠시만 기다려주십시오. 모든 전투마에 달 편차를 만드느라 철편이 소진되었습니다."라고 말했다. 이에 마부는 기다릴 시간이 없다고 했다. 작업에 몰두한 대장장이는 철근 하나로 네 개의 편자를 만들었다. 차례대로 메질하고 단조한 뒤 말발굽에 고정하여 박기 시작했다. 네 번째 편자를 박을 때가 돼서야 못이 부족하다는 사실을 깨달았다.

"못이 몇 개 부족합니다. 못 두 개를 주조할 시간이 필요합니다."

"기다릴 시간이 없다고 했잖소."

"기다리실 수 없다면 어쩔 수 없군요. 하지만 이 편자가 견고하진 못할 겁니다."

"걸을 수는 있다는 말이오?"

"최대한 해보겠지만 확신할 순 없습니다."

"그럼 그렇게 하시게. 서두르지 않으면 국왕께서 책망하실 것이오."

리처드 3세는 이 말을 타고 적진으로 돌격하다 바닥으로 떨어지고 말았다. 놀란 말은 벌떡 일어나 멀리 달아나버렸다. 리처드 국왕의 병사들 역시 뿔뿔이 해산했다. 바로 그 순간 헨리 튜더의 군대가 그들을 포위했다. 리처드 국왕은 노여움에 휩싸여 외쳤다.

"말 한 필 때문에 나의 국가가 쓰러지는구나!"

훗날 이 사건을 바탕으로 민요가 널리 전해졌다.

"못 하나가 부족해서 말편자가 떨어졌다네. 말편자 하나가 부족해서 말을 잃었다네. 말 한 마리가 없어서 전쟁에서 패했다네. 전쟁에 패해서 나라를 잃었다네."

못 하나와 나라는 함께 묶일 일이 없어 보이는 요소다. 하지만 느슨한 못 하나가 국가의 패망을 불러왔다. 아주 사소한 요인 하나가 결정적인 작용을 한 것이다. '나비효과'가 기묘하게 작용한 예이다.

감성지수가 높은 이들은 나비효과의 기적을 이해한다. 그들은 눈부신 미소 한 번과 습관적인 작은 행동 하나, 한 번의 대담한 시도, 한 번의 진심 어린 친절이 인생에서 생각지도 못한 기회를 가져다줄 수 있다고 믿는다. 자기 인생을 바꾸고 찬란한 기회를 가져온다는 사실도 의심하지 않는다.

◆ 하버드 심리센터 감성 코칭

감성지수가 높은 사람은 자신이 발전하기 좋은 환경을 찾아낸다. 그 안에서 노력하며 전력투구한다. 자신의 목표보다 높게 성장하는 나비효과를 불러일으킨다. 낯선 환경일지라도 빠르게 적응하여 자신의 가치를 실현하는 것이다.

1. 자신의 적성을 테스트해보자.
2. 지금 당신이 서 있는 자리가 당신이 설정한 목표로 가는 길인가?
3. 자신의 목표를 장기와 단기로 구분하여 세워보자.

상사의 의중을 파악하면 남들보다 앞서 나갈 수 있다

로버트 프랭크의 《우유와 콜라의 경제학》을 보면 제2차 세계대전 이후 고소득자의 소득은 높아졌지만 저소득층의 소득엔 변화가 없었다고 한다. 소득이 높은 사람일수록 수입의 증가 폭이 커지는 양상을 보였다. 이 격차는 점점 더 벌어져 현재 미국 대기업 CEO 급여는 1980년대 일반 직원의 42배였지만 오늘날에는 500배에 달한다.

《신약성경》 마태복음 제25장에 나오는 이야기다. 어느 국왕이 멀리 순행을 떠나기로 했다. 국왕은 순행 당일 세 명의 하인을 불러 은자 한 덩어리씩을 나누어주며, 자신이 없을 때 장사하게 했다. 훗날 순행에서 돌아온 국왕은 세 명의 하인을 다시 불렀다. 첫 번째 하인이 "제게 주신 은자 한 덩이로 열 덩이를 벌었습니다."라고 말하니 국왕이 10개의 마을을 하사하였다. 두 번째 하인이 "저는 은 한 덩이로 다섯 덩이의 은자를 벌었습니다."라고 말하니 국왕은 그에게 5개의 마을을 하사하였다. 그런데 세 번째 하인은 "저는 주인님께서 주신 은 한 덩어리를 잃어버릴까 봐 두려워 손수건에 감춰 두고 꺼내지 않았습니다."라고 보고하니 국왕은 세 번째 하인이 유일하게 가지고 있던 은자 한 덩이를 빼앗아 첫 번째 하인에게 주며 말했다.

"적은 것을 가졌다면 그가 가진 전부를 빼앗아 와야 하고 많은 것을 가졌다면 그에게 더 많이 주어야 하느니라."

세 하인을 대하는 국왕의 방식은 가진 것이 있다면 그가 더 남도록 주고 가진 것이 없다면 그가 가진 것을 빼앗아 오는 것이다. 세 하인이 처음에 가진 것은 모두 같았다. 하지만 마지막에는 아주 큰 차이를 보였다. 차이가 난 이유는 2가지다.

하나는 이익을 얻고자 하는 자신의 의지가 달랐다. 맞닥뜨린 일을 대하는 내면의 요인부터 다르게 출발한 것이다. 다른 하나는 결과를 토대로 한 평가 때문이다. 외부로부터 행해지는 강제적인 요인이 세 사람의 격차를 더욱 벌렸다.

여기서 주목할 점은 두 번째 단계는 첫 번째 단계의 연쇄작용이라는 점이다. 결과는 자기 자신으로부터 시작되고 만들어졌다. 바로 이것이 강한 자가 더 강해지는 '마태효과'다.

'마태효과'는 1968년 미국 과학사 연구학자 로버트 머튼이 발표한 개념이다. "사람들은 명성이 자자한 사회적 강자의 편이다."라는 승자독식의 사회적 현상을 일컫는다. 이 논리는 직장에서도 적용된다. 성과가 뚜렷한 직원은 발전할 기회와 높은 연봉을 얻는다. 더 많은 사람과 접할 수 있고 이로 인해 발전할 기회를 잡는다. 연봉이 높아지면 자기계발이 가능한 금전적 환경이 조성된다. 이를 기반으로 한층 더 높은 곳으로 올라가게 된다. 어느 영역이든지 성공과 발전을 얻으면 누적 이익이 발생한다. 기회가 많을수록 더 큰 성공과 발전을 하는 것은 정당한 이치다.

감성지수가 높은 사람은 '마태효과'의 충실한 이행자다. 그들은 공정하고 정당한 방법으로 더 많은 성공을 이루기 위해 노력한다. 여기에 한 가지 중요한 체크포인트가 있다. 상대의 본의를 이해하는 것이다. 국왕이 은자 한 덩이씩 준 의도를 정확히 이해한 두 명의 하인이 인정을 받은 것처럼 직장에서 상사의 의중을 정확히 이해한다면 신임을 얻게 된다. 당신의 미래가 달린 일이다. 시간을 할애해 상대의 본의를 관찰해보자.

동물의 왕 사자가 위협적으로 입을 쩍 벌렸다. 그러고는 자기 입에서 어떤 냄새가 나는지 말하도록 했다. 곰은 솔직하게 대답했다.

"왕이시여, 입에서 아주 고약한 냄새가 납니다."

그러자 사자가 분노했다.

"감히 왕을 앞에 두고 모독하다니 이는 죽음에 처해야 할 아주 중한 반역죄로다!"

사자는 곰을 잡아먹어 치웠다. 이어서 원숭이에게 물었다.

"내 입에서 어떤 냄새가 나는가?"

곰의 말로를 지켜본 원숭이는 재빨리 대답했다.

"왕이시여, 아주 좋은 냄새가 납니다. 향수처럼 향긋합니다."

"너는 거짓말쟁이로구나. 아부만 떠는 녀석! 진실하지 못하고 알랑거리는 신하는 화근이 되니 곁에 두어서는 안 될 것이다."

사자는 원숭이도 잡아먹어버렸다. 사자는 다시 토끼에게 물었다.

"내 입에서 어떤 냄새가 나는가?"

"왕이시여, 제가 오늘 감기가 들어 냄새를 전혀 맡을 수가 없습니다. 감기가 다 나은 후 맡아보고 말씀드리겠습니다!"

토끼의 대답에서 사자는 어떠한 흠도 잡을 수 없었다. 결국 놓아줄 수밖에 없었다.

우화에서 사자의 의도는 무엇이었는가? 질문을 받았다면 먼저 답을 구하지 말고 질문의 요지를 파악해야 한다. 상사에 대해서도 마찬가지다. 그의 지시를 받을 때 먼저 생각하라. 개인적 목표는? 어떤 스트레스를 받는가? 어떤 강점과 약점이 있는가? 업무 스타

일은? 그가 바라는 부하 직원의 업무 방식은? 그는 어떤 업무를 여유롭게 처리하는가? 어떤 업무에서 부하 직원의 도움과 협조가 필요할까? 충분히 생각되었다면 상사의 강점은 추켜 주고 약점은 덮어주자. 상사가 마케팅 방면에는 정통한데 재무와 회계 부분에서 부족하다면 그 업무를 미리 처리하여 도울 수 있다.

상사의 리드 타입을 파악하는 것도 중요하다. 간단명료한 보고를 선호하는지, 사소한 것까지 모두 파악하길 원하는지, 서면 보고를 좋아하는지, 구두보고를 좋아하는지, 어떤 시간대에 보고하는 것을 좋아하는지 파악한다.

대체로 상사의 타입을 구분할 때 '듣기를 선호하는 타입'과 '읽기를 선호하는 타입'으로 나눌 수 있다. 구두보고를 선호하는 상사는 구두보고를 받아야 요점을 잡을 수 있다. 읽기를 선호하는 상사에게는 아무리 많은 정보를 이야기해도 시간 낭비일 뿐이다. 자료를 읽어야 문제들이 눈에 들어온다. 상사에게 상세한 자료가 필요하다면 무슨 일이 있어도 준비해라. 제안 또는 문제해결 방안이 필요하다면 간략하게 보고하면 된다.

상사도 관리자이기 전에 사람이다. 그 역시 성격과 선호가 있고 습관이 있다. 어떤 상사는 시원시원하고 명쾌하지만 어떤 상사는 묵묵하고 신중하다. 상사의 성격과 특징을 정확하게 파악한 후 적절한 방식으로 이용할 줄 알아야 한다.

◆ 하버드 심리센터 감성 코칭

직장에서 고군분투하는 사람에게 감성지수는 직업적 소양이자 업무 능력 중 하나다. 상사를 더 빠르게 이해하고 확실하게 일을 처리할 수 있다. 더불어 자신의 의지로 노력하고 성과를 만들어낸다. 상사의 의중을 파악했기에 센스 있는 사람이 된 것이다.

1. 자신에게 일을 지시하는 사람의 성향을 파악하자.
2. 자신의 의지보다 상대방의 의도를 먼저 생각하자.
3. 자신이 하는 일에 대한 외부 평가 기준도 알아보자.

주인의식이
재능을 이긴다

아이어코카는 포드사가 가장 어려웠던 시기에 사장을 역임했다. 그는 회사를 대대적으로 개혁하며 성공적으로 이끌었다. 그러나 포드 주니어는 아이어코카를 정당하게 대우해주지 않았다. 주변 사람들은 분개하며 회사를 좀 흔들어보라는 제안까지 내놨다. 이에 아이어코카는 "이곳에서 단 하루를 일해도 나는 직원으로서 충성을 다하고 열과 성을 다해 일하며 회사가 잘될 수 있도록 끊임없이 고민할 것입니다."라고 말했다. 그의 정신적 소양에 많은 이들이 신임과 존경을 보냈다. 우리도 직장에 충성과 책임을 다해야 한다.

회사를 인정하라

회사에서 인정받기를 원한다면 먼저 회사를 인정하라. 이는 자발적으로 회사를 위해 일할 수 있는 배경이 된다. 회사는 자신의 무대다. 누구든지 자기 무대에서 춤출 때 가장 빛나는 법이다.

주인의식을 가져라

회사에서 주목받는 인물들은 높은 주인의식을 가지고 있다. 인텔 CEO 앤디 그로브도 마찬가지다. 그는 캘리포니아대학에서 "어디에서 일하든 자기 자신을 고용인이라고 생각하지 마세요. 기업의 소유주라고 생각하십시오."라고 말했다.

주인의식을 가져야 작은 일에도 회사를 우선하게 된다. 회사의 영광과 치욕을 함께 겪으며 직무와 책임에 전력을 다할 수 있다. 회사는 충성심과 책임감을 가진 직원의 공헌이 필요하다.

회사의 이미지를 자발적으로 지켜라

필립스 CEO는 "나는 회사의 모든 직원이 남에게 책임을 전가하는 일 없이 자발적으로 회사의 이미지를 보호하도록 요구합니다."라고 말했다. 회사의 이미지란 직원 한 사람 한 사람이 모여 만든 이미지의 총합이다. 기업은 자기의 명함이다. 명예와 전망이 높은 회사에 다니고 있다면 사람들은 당신을 아주 뛰어난 인물로 본다. 이미지가 실추된 회사라면 개인의 가치에서도 손해를 본다.

충실과 책임감을 직업적 생존 방식으로 여겨라

충실과 책임감은 직원에게 큰 이익이 된다. 이런 마음가짐으로 업무에 몰두하면 능력이 향상되고 직업적 경험도 누적된다. 충실함과 책임감을 알아본 사장은 당신을 요직에 앉힐 것이다. 자기 에너지와 자본을 투자하여 광대한 발전 가능성과 성공의 기회를 잡아라. 능력, 경험, 기회, 발전 가능성이 모두 준비된 상태라면 두려울 것이 없다. 충실과 책임감은 회사에서 살아남기 위한 유일한 생존 방식이다.

직업을 사업으로 삼아라

직업과 사업은 단 한 글자 차이지만 매우 다르다. 직업은 생계를 위한 수단인 반면, 사업은 수익 창출과 가치 실현의 과정이다. 하지만 성취하기 위한 수단이라는 점은 같다. 전력을 다해야 한다. 인생 가치를 무한으로 뻗어 나가게 하는 길이다.

◆ 하버드 심리센터 감성 코칭

자신이 하는 일에 주인의식을 가져라. 책임지고 솔선수범해야 한다. 회사를 위해서가 아니라 자신을 위해서다. 회사의 성장이 자신의 성장이고 회사의 발전이 곧 자신의 발전이다. 단 하루를 일하더라도 최선을 다해라. 어느 위치에 있든지 자신을 증명하는 방법이다.

1. 최선을 다하라는 말을 관행적인 표현으로 받아들이지 마라.
2. 책임을 다했을 때 주어지는 결과와 책임을 다하지 않았을 때 받게 되는 결과를 비교하라.
3. 회사를 발전적으로 이끌 자신의 몫이 무엇인지 생각해보자.

핑계는 잘못을 합리화시켜주지 않는다

브레이스 바버는《핑계 없는 리더십》에서 책임감 문제를 강조했다. 책임감은 사회에서 인정과 지지를 받으며 자아를 성취하기 위한 지극히 중요한 품성이라는 것이다. 사회심리학자 데이비스는 "책임을 포기하는 것은 더 나은 생존의 기회를 포기하는 것과 같다."라고 주장했다.

한 회사 대표가 "사무실이 더러운데 어떻게 된 일인가?"라고 물었다. 직원이 일어나 "네, 대표님. 오늘은 ○○직원이 당번인데 아직 청소하지 않았습니다."라고 했다. 자기 책임이 아니라는 말이다. 당신이 만약 이런 상황이라면 "죄송합니다, 대표님. 바로 청소하겠습니다."라고 해야 한다.

사회심리학자 존 달리와 빕 라테인이 제시한 '방관자효과'는 무책임함에 대한 해석이다. 문제가 발생했을 때 현장에 사람이 많으면 대부분 방관자의 입장에서 문제를 바라본다. 적극적으로 행동하여 문제를 해결하려는 사람이 극소수에 불과하다는 것이다.

방관 심리가 타성이 된다면 회사 일에서 문제를 회피하고 해결 의지를 보이지 않는다. 당연히 기업 운영의 효율은 하락한다. 회사 운영조차 어려울 수 있다. 직원은 어떻게 될까? 엎어진 둥지에는 성한 알이 있을 수 없다. 그러므로 주인의식은 직원에게 더 필요하다. 회사를 자신의 모든 것으로 여겨야 자발적으로 회사 업무를 완성할 수 있다. 필요한 일에 선뜻 나서고 업무적인 어려움을 두려워하지 않는다. 더 많은 책임을 맡아 관리자와 조직의 부담을 덜어줄 수도 있다. 그렇게 해야 회사는 빠른 속도로 발전하고 직원들에게도 발전 가능성이 부여된다.

"그 클라이언트는 너무 까다로워서 같이 일을 못 하겠어."

"일찍 도착할 수 있습니다, 차만 안 막히면요."

"데드라인을 맞추지 못했습니다. 왜냐하면……."

"시간이 촉박해요."

"지금은 휴식 시간이니 30분 후에 다시 전화 주세요."

"이건 제 담당이 아닌데요."

당신은 이런 말을 습관적으로 하지 않는가? 그렇다면 당신은 무책임한 직원이다. 이를 개선할 방법을 찾아야 직장에서 생존할 수 있다.

미국 육군사관학교에서 가장 중하게 여기는 규범은 "핑계대지 마라."라는 말이다. 그 어떤 합당한 핑계도 육군사관학교에서는 받아들이지 않는다. 사관생도들의 우수한 적응력과 의지력은 물론 책임감과 능률적인 추진력은 이를 바탕으로 길러진다.

업무 처리 과정에서 일을 그르쳤거나 까맣게 잊었을 때 적잖은 사람들이 차가 막혔다, 아이가 아프다, 시스템이 먹통이다, 마케팅 방안이 별로다 등의 핑계를 댄다. 모든 것이 회피의 구실밖에 되지 않는다. 덕분에 위기를 모면할 수는 있겠지만 신뢰를 잃게 된다. 중요한 업무는 당신 손을 비껴갈 것이다. 승진과 연봉 상승의 기회는 아득해지고 구조조정 대상자 명단에 이름이 오를지 모른다.

무역회사 비서인 리사는 뛰어난 능력을 겸비한 보기 드문 유능한 직원이었다. 그런데 지난주 리사는 퇴직 통보를 받았다. 책임을 전가한 일 때문이었다. 그 일의 도화선은 사소했다.

회사에서 큰 거래처 사람들을 초대했는데 공교롭게도 대외협력팀 직원이 휴가였다. 그래서 리사가 거래처 응대에 관한 모든 사무를 처리하게 되었다. 그런데 그중 한 사람이 소음이 너무 심하다, 식사가 마음에 들지 않는다라고 말하며 불만을 터뜨렸다. 그 말이 듣기 싫었던 리사는 그를 향해 "이일은 제 업무가 아닙니다. 불만은 나중에 담당자에게 말하세요."라고 말했다. 그러자 "그럼, 당신은 어느 회사 소속입니까!" 거래처 사람은 화가 난 상태로 자리를 박차고 나가버렸다. 그는 나갈 때 다른 거래처 사람도 데리고 가버렸다. 리사의 행동은 회사의 이익과 명예에 큰 영향을 끼쳤고 사장은 퇴직 처리를 결정했다. 리사는 여러 방면에서 우수했지만 책임감 없는 일 처리로 직장을 잃게 된 것이다.

핑계는 스스로 자신을 무책임하고 쓸모없는 인간으로 만든다. 부정적인 단어들과 자신을 연결하여 난처한 상황에서 빠져나가기 위한 수단으로 사용된다. 그로 인해 당신의 자신감은 부패되고 능력은 퇴보한다.

◆ 하버드 심리센터 감성 코칭

핑계는 잘못을 합리화시켜주지 않는다. 직장에서 자리를 지키고 싶다면 실수에 대한 핑계를 찾지 마라. 실패의 원인을 파악하고 바로잡기 위해 노력하는 편이 낫다. 자신을 조금씩 더 개선하고 보완해야만 빛나는 성취감을 거머쥘 수 있다.

1. 핑계를 대고 순간의 상황을 모면하지 말자.
2. 핑계를 대는 말 대신 상황을 인정하는 말부터 하자.
3. 핑계가 자신의 신뢰를 갉아먹는다는 사실을 기억하자.

성과를 혼자서 꿰차지 마라

직장에서 타인의 선의를 얻기는 무척 어렵다. 조금만 튀어도 비난의 대상이 되기도 한다. 이를 알고 있음에도 앞에 나서는 것은 과한 자부심 때문이다. 스스로 대단하게 여기고 자아를 과하게 추켜올리는 것이다. 그로 인해 성과에 대한 공유가 힘들어진다.

하버드 심리센터 연구원은 "사람은 늘 타인의 앞에서 자신의 영리함과 이뤄온 영광을 내세우는 데 익숙합니다. 이런 면들이 타인에게 어떠한 느낌을 주는지는 의식하지 못하며 자신의 행동이 왜 적절하지 못한지도 느끼지 못하지요."라고 말했다.

인간에게 자아는 어떤 상황에서도 언제나 1순위를 차지한다. 호감을 사는 사람들은 자아를 교묘하게 잘 억누르고 공적을 다함께 나누는 사람이다. 성과를 공유할 때 타인의 지지와 신뢰를 얻는다.

자아표현 욕구가 통제범위를 초과하면 대인관계에 큰 위협을 가한다. 공적을 혼자 독점하면 공치사를 좋아하고 허영심이 넘치며 다른 사람의 공을 가로챌 수 있는 사람으로 보인다. 이로 인해 주변의 미움을 사고 상대방과의 관계도 소원해진다. 물론 혼자만의 힘으로 성취해도 기쁨과 축하는 자연스럽게 따라온다. 하지만 이럴 때도 겸허함을 잃어선 안 된다. 다른 사람의 질투심을 자극하면 결과가 항상 좋지 않다.

경영전문가 타일러는 직급이 낮은 사람과 대화할 때조차 '나'라는 단어를 사용하지 말라고 했다. 유명 정치가이자 외교관인 존 헤이는 대화를 나눌 때 언제나 겸손하며 예의를 잃지 않았다. 그는 자신의 말이나 행동 중 주목받는 부분이 있더라도 상대방을 통해 배운 것이라며 자기를 낮췄다.

직장에서 뭇매를 맞지 않으려면 타인의 자아를 보호해주어야 한다. 극적인 타이밍에 당신의 기지를 발휘하고 성취하더라도 조심스럽게 행동하자. 뛰어난 재능을 가진 이는 스스로 뽐내지 않는다. 자기 자아와 타인의 자아가 공생하는 법이다.

출판사 편집장인 카반은 활기차고 대인관계도 좋다. 그는 업무를 보조하는 직원 몇 명과 함께 일한다. 어느 날 그가 편집을 담당한 잡지가 한 평론에서 대상을 받게 되었다. 그는 매우 기뻐하며 만나는 사람마다 붙잡고 자신의 노력과 성취를 자랑했다. 동료들도 처음에는 축하를 건넸다. 그런데 나중에는 동료들이 그를 피하고 불편해하는 것을 느꼈다. 그로 인해 기쁨도 잃어버리게 되었다.

카반이 일의 영광을 독차지했기 때문이다. 잡지는 편집장 한 명의 힘으로 완성될 수 없다. 직원들의 수고로운 노동과 책임자의 적극적인 지원 없이는 불가능하다. 모두에게 돌아가야 할 영광을 카반이 홀로 독차지해서 생긴 일이다. 자기 공로를 뻿는 사람을 누가 좋아하겠는가? 카반의 상사들은 어쩌면 자기 위치까지 빼앗길지 모른다는 불안을 느꼈을 것이다.

여럿이 함께 이뤘을 때 혼자서 성과를 독차지하지 마라. 그런 행위는 상대방이 들인 노력과 공을 부정하는 것이다. 상대의 반감을 살 수밖에 없다. 이를 방지하기 위해서는 다음 항목을 따라보자.

공유하라

물질적 성과는 콩 한 쪽이라도 관련된 모든 사람과 공유하라. 나눌 만한 물질적 성과가 없다 해도 반드시 말로 감사를 표현해야 한다. 성과가 모두의 마음에 들 필요는 없다. 그러나 이를 나누는 것은 일종의 예의이고 상대방에 대한 존중의 표현이다. 타인과 나누는 것에 능숙해져야 타인의 호감을 얻는다.

감사하라

아카데미 시상식에서 오스카상을 수상한 스타들의 소감을 들어 보면 "정말 기쁩니다! 우선 감사드릴 분은……." 아주 모범답안들이다. 당신은 동료의 도움과 상사의 가르침 덕분에 지금의 이 자리에 올랐다. 그들이 준 기회에 감사해야 한다. 앞으로 당신의 전망이 그들의 손에 달려 있을지 모른다. 동료의 도움이 한정적이고 상사가 부족한 사람일지라도 감사하라. 질투를 유발하거나 트집잡히는 일을 피할 수 있다.

겸손하라

성과를 눈앞에 두면 자아가 비대해진다. 처지를 잊고 자만에 가득 차게 된다. 그럴수록 인생지사 새옹지마라는 것에 반드시 유념하자. 역지사지로 생각하는 것이다. 누군가 옆에서 자신의 대단함과 유능함에 대해 끊임없이 떠들어댄다면 당신의 기분은 어떻겠는가? 마찬가지다. 당신에게 대놓고 싫은 티를 내진 않을 것이다. 하지만 시간이 지날수록 당신의 생활은 힘들어진다. 그러므로 성과를 이뤘을 때 더욱 겸허하고 자중하라.

◆ 하버드 심리센터 감성 코칭

타인과 성과를 공유한다는 것은 배려이고 호의이다. "우리는 같은 편이라 기쁜 일도 슬픈 일도 함께 나눈다."라는 의미전달이다. 타인과 성과를 공유하면 배척당하는 일 없이 직장에서 자리를 지킬 수 있다.

1. 직장 내에서 타인과 공유할 수 있는 기쁨을 알아보자.
2. 자신의 업무에서 협업이 가능한 일과 대상을 찾아보자.
3. 매사에 "덕분입니다."라는 말을 습관화하자.

적당한 스트레스가 효율을 높인다

메이린은 대기업 계열사의 인사팀장이다. 직속 상사는 그녀의 업무 처리 태도와 능력에 대해 칭찬을 아끼지 않았다. 그녀의 상사는 이번 그룹 대표가 방문할 때 메이린이 관련 사업 보고를 진행하게 했다. 그녀가 다른 계열사의 인사담당 이사직을 맡게 되길 바랐던 것이다.

흔치 않은 진급 기회였기 때문에 그녀는 매우 신경을 썼다. 마침내 손꼽아 기다려온 날이 다가왔다. 그런데 그녀는 긴장과 흥분에 뒤섞여 심장 박동이 빨라지고 다리가 떨려오는 바람에 철저하게 암기했던 요점들을 그만 하얗게 잊어버렸다. 메이린은 코앞까지 다가온 승진의 기회를 놓쳐버린 것이다. 메이린이 평정심을 지녔을 때는 능력 발휘를 잘하는 사람이었다. 그러나 진급 기회를 너무나도 원한 탓에 과한스트레스를 받아 기회를 망쳐버렸다.

메이린과 반대로 웨이버는 스트레스가 너무 없어서 업무 효율이 떨어지는 쪽이었다. 웨이버는 재무회계 분야에서 다년간 종사해왔다. 입사 첫날부터 그의 목표는 회사 재무회계팀의 이사가 되는 것이었다. 끊임없는 노력으로 그는 차근차근 원하는 바를 이뤄냈다. 하지만 긴장의 끈을 늦춘 그는 실수하여 회사에 막대한 손실을 주었다.

메이린의 실수와 웨버의 저효율은 심리학 이론에서 '여키스-도슨 법칙'으로 설명할 수 있다. 스트레스와 수행 효과는 '거꾸로 된 U자형'의 관계에 있다. 적당한 스트레스는 수행 효과를 최고점으로 도달할 수 있도록 한다. 하지만 너무 적거나 너무 많은 스트레스는 업무 효율을 떨어뜨린다.

1908년 심리학자 여키스와 도슨은 실험을 통해 지적 활동의 효율과 불안 수준은 대응을 이룬다는 사실을 밝혀냈다. 업무 난이도가 높아지면 개체의 불안 수준도 따라서 증가하고 적극성, 주도성, 고난을 극복하고자 하는 의지력이 강해진다는 것이다. 이때 불안 수준이 업무 효율성에 촉진작용을 한다. 불안이 중간 정도일 때 능력 발휘의 효율성이 가장 높고 불안이 한계를 초과하면 비대해진 불안이 심리적 부담을 형성한다고 했다. 방해 작용으로 효율성을 떨어뜨리는 것이다.

1920년대 미국 시카고의 교외에 전화교환기를 생산하는 공장이 있었다. 이 공장에는 각종 생활 및 오락용 설비까지 모두 완비되어 있었다. 직원들의 복지 역시 매우 우수했다. 이렇게 근무환경이 좋은 데도 생산효율은 계속 저하되기만 했다. 공장 측에서는 왜 이런 현상이 벌어지는지 이해할 수 없었다.

1924년 11월 미국의 국가연구위원회는 심리학 전문가를 포함한 각 분야의 전문가로 이루어진 팀을 구성하여 연구를 시작했다. 전문가들은 근무 조건과 생산 능률의 관계에 초점을 맞췄다. 직원을 실험집단과 통제집단으로 나누고, 근무 조건에 각종 변화를 준 뒤 직원들의 생산 능률 변화를 관찰했다.

근무 조건이 좋아지고 나빠지는 것과 상관없이 실험집단의 능률은 상승했다. 근무 조건에 변화가 없는 통제집단의 능률 역시 증가했다. 이 같은 결과는 근무 조건이 생산 능률에 끼치는 직접적인 영향을 설명하지 못했다. 연구는 2단계에 돌입했다. 이번 연구는 하버드대 메이요 교수의 주도하에 사회적 요인과 생산 능률의 관계를 중점으로 진행했다. '기기조립팀'에 소속된 여섯 명의 여성 직원을 대상으로 선출하고 1년 동안 관찰했다. 직원들의 평균적인 생산 능률 데이터를 추출하기 위해 일반적인 작업 현장에서 2주간 일하도록 하며 다음과 같은 변화를 주었다.

◆기존의 작업장 전체 생산 소득 대비 임금을 받던 방식에서 개인의 생산량 대비 배분 방식으로 바꾸었다.

◆작업을 하며 오전과 오후에 한 번씩 5분의 휴식을 취하도록 하였다.

◆휴식 시간을 5분에서 10분으로 연장했다.

◆휴식 횟수를 오전, 오후 각 1회에서 일간 6회로 늘렸다.

◆공장에서 간단한 점심을 제공했다.

◆생산량이 보장된다는 조건으로 30분 앞당겨 퇴근하도록 했다.

◆주 5일 제도를 도입했다.

◆위의 변화 내용을 전부 취소하고 실험 초기의 조건으로 되돌아갔다.

결과적으로 실험 대상들은 처음부터 끝까지 높은 생산 능률을 유지했다. 또한 적극성이 점점 더 올라가는 양상을 보였다. 그간 적용된 좋은 조건들이 모두 취소된 후에도 생산 능률은 저하되지 않았다.

이 실험은 많은 요소의 변화에도 직원들의 생산 능률은 매우 일정했다. 그들이 업무를 적극적으로 할 수 있는 안정적인 요소가 있었다. 고심 끝에 메이요 교수는 생산 능률의 제고는 직원들의 정신적인 상태에 변화가 있었기 때문이라는 결론을 내렸다. 이들은 전체 직원 중에서 선출되어 주목을 받고 있었다. 자신이 아주 중요하다는 느낌을 받음과 동시에 격려를 받았고 스트레스도 받았다. 이것이 생산 능률의 촉진으로 이어진 것이다.

이를 바탕으로 전문가들은 다시 한 번 광범위하고 장기적인 '대화실험'을 진행했다. '대화실험' 진행 중에 전문가들은 공장 내 2천 명이 넘는 모든 직원을 인터뷰했다. 사전에 준비한 질문 요강에 따라 공장 관리, 복지, 대우 등에 대해 파악했다. 그렇지만 눈에 띄는 생산 능률의 상승은 없었다. 그래서 대화방식을 바꿔 직원들이 말하고 싶은 대로 자유롭게 의견을 표출하도록 했다. 동시에 전문가 한 명이 여러 명의 직원과 대화하는 방식에서 전문가 한 명이 직원 한 명과 대화하는 일대일 방식으로 변경했다. 대화가 이루어지는 과정에서 전문가들은 참을성 있게 경청했다. 직원들은 공장에 대해 이런저런 의견과 불만을 이야기했다. 여기에 반박이나 훈계는 없었다.

장장 2년의 실험으로 대화를 나눈 직원들의 수는 2만여 명에 달했다. 그 사이에 전체 공장의 생산량 역시 대폭 상승했다. 전문가들이 최종적으로 내린 결론은 대중의 관심과 주목을 받으면 업무 효율이 크게 상승한다는 것이다. 이것이 바로 '호손 효과'다.

사람은 단순히 경제적 이익으로만 움직이지 않는다. 복잡한 사회적 관계에서 비롯된 큰 원동력을 기반한다. 모든 사람이 업무를 완벽하게 처리할 수는 없다. 뜻대로 해내지 못하는 상황에 불만도 생기고 좌절과 자기비하에 빠질 수도 있다. 이때 자신을 억압하면 업무 효율은 악순환에 빠진다. 적절한 긴장 상태와 마음의 평정심을 유지할 때 자기 능력이 최대치로 발휘된다.

◆ 하버드 심리센터 감성 코칭

적당한 압박을 느낄 때 업무 효율이 높아진다. 그러나 고효율 상태를 유지하고 발전시키기 위해 자신을 과하게 억압하지 마라. 적절한 정도로 외부와 교류하고 소통하며 부정적인 감정을 해소할 방법을 찾아야 한다.

1. 자신이 긴장하는 일이나 사람, 상황을 알아보자.
2. 자신의 고충을 털어놓을 대상을 정하라.
3. 자기 업무의 효율을 떨어뜨리는 요인과 대응책을 찾아라.

달리는 레인에서
계속 뛰어라

몇 년 동안 한 직장에서만 꾸준하게 근무했다면 누구나 한 번쯤 이직을 꿈꿨을 것이다. '다른 부서로 옮길까?', '내 적성에 맞는 직업을 찾을까?', '왜 다른 사람들보다 쉽게 성공하지 못할까?'라는 생각에 휩싸인다. 이런 고민을 하고 있다면 다음 이론에 주목해보자.

미국 경제학자 더글러스 노스는 최초로 '경로 의존 법칙'을 밝혔다. 사물이 어떤 경로에 들어서면 경로에 대한 의존성이 발생한다는 것이다. 수확 체증과 자기 강화 메커니즘의 작용이다. 사람의 경우 한 번 선택한 경로에서 끊임없이 자기 강화를 이루어낸다고 한다. 정해진 경로를 따라 경제나 정치가 모두 선순환 궤도에 올라 빠른 속도로 최적화된다는 것이다. 그러나 처음 선택한 경로가 틀렸다면 틀린 경로를 따라 아래로 미끄러진다. 심지어 비효율 상태에 고정되어 침체되는 데도, 고정된 상태에서 빠져나오는 것은 매우 어렵다는 것이다. 그는 이 법칙으로 1993년 노벨경제학상을 받았다.

'말 엉덩이'의 영향으로 설명되는 '경로 의존 법칙'도 이해해보자.

기차가 철도를 달릴 때 두 줄의 철로 간격은 4피트 8.5인치이다. 어떻게 이 기준이 정해졌을까? 그건 최초의 철로를 만든 사람이 전차를 만들던 사람이었기 때문이다. 이 사람은 마차 바퀴의 간격을 참고해 설계했는데 그 간격이 4피트 8.5인치였던 것이다. 원래 마차 바퀴의 간격은 고대 로마인들이 마차를 끌던 말 두 마리의 넓이를 기반으로 정해졌다고 한다. 그러니까 말의 엉덩이에서 비롯된 영향이 지금까지 이어져 온 것이다. 미국의 우주왕복선 연료함 양쪽의 로켓 추진기 간격 역시 4피트 8.5인치다.

이를 미루어보아 한 사람의 인생에서 올바른 입문入門이 얼마나 중요한지 알 수 있다. 어떠한 상태와 환경에 적응하여 의존성이 발생하면 그 후에 새로운 선택이 어려워진다. 따라서 좋은 첫걸음이 좋은 성과를 낸다.

어릴 때의 버릇은 천성이 되고 습관은 본성이 된다. 그만큼 자기 경로의 영향권에서 벗어나기란 힘든 일이다. '말 엉덩이'를 한 번 선택하면 사업적 궤도는 4피트 8.5인치가 된다. 시간이 지나서 이

간격에 불만이 생긴다고 하더라도 다시 바꾸기는 무척 힘들다. 그러므로 처음 경로를 정할 때 신중하게 정하는 것이 매우 중요하다.

자기 경로를 유지하려면 둔감함이 필요하다. 둔감은 느릿하고 무딘 것이다. 각계각층에서 성공한 사람의 아주 탁월한 능력 뒤에는 유익한 둔감함이 숨어 있다. 재능에 꽃을 피우고 나아가 이를 확대 발전시키는 힘을 가졌다. 한 사람의 성취는 예민함과 둔감함이라는 모순과 일치의 결합으로 이루어진다.

둔감함은 우리가 일하면서 얻는 피로를 없애준다

일본의 소설가 와타나베 준이치가 의과대학 재학시절 의술이 매우 뛰어난 주임교수가 있었다. 그는 학생을 가르칠 때 끊임없이 질책했다. 자신의 수술을 보조하는 학생은 더 심하게 꾸짖었다. 학생들은 그와 부딪히지 않기 위해 피했다. 그가 집도하는 수술에 보조로 배치될까 두려워했다.

하지만 와타나베 준이치의 선배 한 명은 교수가 수술 중 내뱉는 질책을 전혀 느끼지 못하는 것처럼 늘 "예."라고 가볍게 대답했다. 그리고 수술 중 요점을 파악하는 데만 집중했다. 그 외의 다른 소리는 잡음으로 인식했다. 수술이 진행되는 동안이나 수술이 끝난 후에도 그 선배는 평상시와 같은 컨디션을 유지했다. 몇 년 후 그는 책망과 폭언을 모두 이겨내고 훌륭한 외과 의사가 되었다.

둔감함은 좌절에서 최대한 빠르게 벗어나도록 돕는다

둔감함을 가지지 못한 사람은 좌절에서 헤어 나오기가 어려울 수 있다. 실패가 똬리를 틀었을 때 예민한 사람의 잠재의식은 고통을 또렷하게 기억한다. 끊임없이 실패를 들춰내기 때문에 다시 도전할 용기를 얻지 못한다. 좌절의 구렁텅이에 스스로 매몰되는 것이다. 반면 둔감한 사람은 실패의 상처를 마음에 두지 않고 변함없이 진취적이고 대담하게 도전한다. 그래서 어려운 상황도 매우 빠르게 헤쳐 나오게 된다.

둔감함은 부정적인 감정을 막아주는 방파제다

상사에게 욕을 먹더라도 못 들은 척하고 그것을 잊어버릴 수 있다. 예기치 못한 사건을 맞닥뜨리더라도 아무 일 없었던 것처럼 명랑하고 편안한 상태를 유지한다. 그뿐 아니라 냉철하고 이성적으로 문제를 해결할 수 있다. 둔감해서 부정적인 감정에 과하게 신경 쓰지 않는다. 부정적인 감정으로 인한 상처가 지속되거나 심화되지 않기 때문에 몸과 마음도 쉽게 회복된다.

물론 둔감함을 가지고 경로 의존성에 고립될 필요는 없다. 아놀드 슈왈제네거처럼 영화계 톱스타에서 정치계로 방향을 틀어 새로운 페이지를 열 수도 있다. 충분한 용기와 자신감만 있다면 경로

의존성이 만들어낸 속박을 타파할 수 있다.

심리학 연구에 따르면 일상생활의 90%가 끊임없이 반복되는 어떤 동작들이 차지한다고 한다. 무의식에서 시스템화된 습관으로 바로 전환하는 것이다. 그래서 깊이 생각하지 않고 바로 행동한다. 이렇게 자동화된 동작이 바로 습관의 힘이다. 당신이 지금 어떤 경로를 선정하는 중이라면 더 신중하길 바란다. 자신의 직업에 불만족을 느낀다면 용기와 자신감을 꺼내 변화를 위해 전력투구하자.

◆ **하버드 심리센터 감성 코칭**

당신도 '경로 의존 법칙'에서 예외가 될 수 없다. 당신이 하는 일에서 수확하고 자기 강화를 하는 편이 훨씬 이롭다. 직장에서 맞닥뜨리는 어려움과 도전 과제는 예측할 수 없다. 우리를 호위해줄 둔감함으로 무장해야 한다. 상처를 주는 부정적인 감정과 사건들을 못 본 척하고 못 들은 척한다면 어떤 상황에서도 흔들리지 않는다.

1. 자신이 하는 일의 기간을 정리해보자.
2. 업무에서 자신을 강화하고 성장시킬 수 있는 점을 찾아보자.
3. 자신의 예민한 부분에서 둔감할 수 있는 방안을 모색해보자.

PART 8

감성지수가 슬기로움을 더해준다

Harvard's 100-Year
Traditional Emotion Class

✦ ✦ ✦

감성지수를 활용하는 영역이 날로 늘고 있다. 그에 따른 성과도 보고되고 있으며 중요성이 강조되는 상황이다. 지수를 높이기가 좀 어려운 지능지수와 달리 감성지수는 타고난 한계를 높일 수 있다. 감성지수를 높이는 데 계속 도전하라. 슬기로운 사람이 되는 건 그리 어렵지 않다.

기분에
점수를 매겨라

초등학교 5학년 15명이 동그랗게 바닥에 앉았다. 선생님은 출석을 부르면 "예."라고 대답하지 말고 오늘 기분을 점수로 말하라고 했다. 1점은 기분이 저조하다는 뜻이고 10점은 기분이 상당히 들떠 있다는 걸 의미한다.

"마크."

"10점. 주말이라 기분이 좋아요."

"마리."

"9점. 조금 들뜨면서 긴장돼요."

"조지."

"10점. 지금 매우 즐거워요."

뉴욕 학습센터 감성지수 훈련반의 수업 모습이다. 학습 주제는 상호작용에서 발생하는 느낌 말하기다. 훈련반에서는 따돌림의 괴로움과 싸움을 일으키는 분쟁 등 일상생활에서 아이들이 마주치는 실제적 문제를 토론 주제로 삼는다. 수업 설계사인 캐론은 학습 행위와 감정은 밀접한 관계가 있다고 지적했다. 감성지수 학습이 수학이나 문학 수업에 크게 영향을 끼친다는 것이다.

감성지수 교육은 자신만의 경로를 형성할 때까지 끊임없이 경험을 쌓게 하는 데 있다. 위협, 좌절, 상처에 직면할 때 심각성을 완화해서 받아들이고 생각을 전환하도록 유도하는 것이다. 자아 수련을 통해 성격에서 부족한 부분도 보완할 수 있다. 이런 과정은 아이들의 인생에 도움이 된다. 앞으로 그들이 어떤 역할을 수행하더라도 직무에 잘 어울릴 수 있도록 한다. 인간관계가 빠르게 분화하는 현대사회에서 가장 절실하게 요구된다.

자기 기분을 점수로 측정해보자. 그 기분을 유지하는 것이 생활에 유리한지 따져보고 유리하다면 계속해서 감정을 유지하면 된다. 만약 불리하다면 원인을 찾고 분석하자. 기분을 전환할 수 있는 요소를 찾아보는 것이다. 이런 훈련을 장기간 지속해나가면 문제에 직면했을 때 예전처럼 어찌할 바를 모르거나 허둥지둥하지 않는다. 자기감정을 이해하고 보완해서 자유롭고 편안하게 행동할 수 있다.

자동차 경주 선수 패트릭 리차드는 자기 감성을 충분히 활용한 사람이다. 그는 스포츠 역사상 가장 많은 상금을 얻은 선수로도 유명하다. 그런 그에게는 가장 잊지 못할 순간이 있다. 바로 첫 번째 경기 후였다.

"어머니, 대회에 선수가 35명이나 참여했는데 제가 2등을 했어요!"

"아주 잘했구나!"

어머니의 칭찬에도 리차드는 마음이 흡족하지 않았다. 오히려 왠지 모르게 더 허전해졌다.

"표정이 밝지 않은 걸 보니 네가 원한 건 2등이 아니었구나. 1등이었니?"

솔직히 말하면 꼭 1등을 하고 싶었다. 간발의 차로 1등을 하지 못한 것이 억울했다. 레이스 도중 좀 더 과감하지 못한 것을 자책했다.

"리차드, 네가 좋아하는 일을 할 때는 누군가를 이겨야겠다는 생각은 버려라. 경쟁심은 네 행복을 감속시킬 뿐이야!"

이제껏 치열하게 경쟁해온 리차드는 그 말을 받아들일 수 없었다. 어머니는 단호해졌다.

"네가 좋아하는 일의 즐거움을 느껴 봐. 진짜 이겨야 하는 건 너잖니!"

리차드는 그때 깨달았다. 자동차 경주에서 한 번도 기쁨을 느끼지 못했다는 것을. 그저 남들보다 빨리 달려야 한다는 생각과 반드시 이겨야 한다는 각오뿐이었다. 그토록 좋아하는 자동차를 타면서도 지면 안 된다는 두려움과 이겨야 한다는 강박으로 충분한 기쁨을 맛보지 못했다. 심지어 가까운 사람에게조차 웃어준 적이 없었다. 그들을 모두 경쟁자로 보았기 때문이다. 모든 문제의 원인을 알게 된 리차드는 그 뒤 행복의 가속 페달을 밟았다.

훈련이나 경주에 임할 때 자신이 갱신할 속도에 기대를 걸고 감정을 컨트롤 했다. 그 결과 20여 년 동안 리차드는 자동차 경주계를 제패했다. 지금까지도 그의 기록을 따라잡은 사람이 없다.

그는 자기감정을 잘 조절해 이겨야겠다는 마음보다 경기를 맘껏 즐기겠다는 마음가짐이 시합을 앞두고 찾아드는 불안과 두려움을 밀어낸 것이다. 실수할지 모른다는 생각에 바짝 긴장했던 출발선에서도 안정감을 느꼈다. 경쟁자와 마주치면 응원을 보내주는 여유도 찾았다. 자신을 만족시켜야겠다는 성취동기로 새로운 자아상이 형성되었다고 볼 수 있다. 타인의 호평과 칭찬에 일희일비하기보다 감성을 자극해 자신이 할 수 있는 일에 의미를 부여해야 한다. 경쟁에서 승리한 기쁨보다 높은 자아를 추구할 수 있다. 성취에 기준점을 두면 더 높은 성과를 내기 위해 자신을 자극하고 독촉하고 동기부여를 위해 채찍을 가해야 하는 고통이 따른다. 하지만 즐기는 기쁨은 행복을 남긴다. 이를 전방에 걸린 안내등으로 삼으면 앞길을 비춤과 동시에 격려하는 힘을 보탤 수 있다.

자기감정을 조절하게 되면 질적으로나 양적으로 강한 돌파력을 생긴다. 영원히 멈출 수 없는 자기 구조 행위이다. 성숙한 개성은 자신의 약점을 꿰뚫어보고, 의식적으로 지식과 역량을 찾아 약점을 극복할 수 있도록 돕는다. 그 결과 자신을 속박하는 것으로부터 효과적으로 벗어난다. 진정한 자유는 자아를 초월한 사람이 홀로 누리는 기쁨이다.

나폴레온 힐은 환경이 개성을 속박할 수 없다고 주장했다. 누구든지 당면한 환경에서 진정한 자아상을 확립하면 종국에는 난관이나 환경을 극복해낼 수 있다. 최악의 환경에서도 우수한 자아상을 만들어낼 수 있다는 의미이다. 많은 사람이 결과나 성적, 성과에 집중한 나머지 그 범위 안에서 벗어나지 못한다. 승부에 집착할수록 남들을 이길 수 있다고 믿는다. 바로 이것이 자신의 성공을 가로막는 요인인데도 그들은 모른다. 분명히 말하지만, 사회는 상대평가로 치르는 시험장이 아니다.

자신의 자아를 업데이트해보자. 자신이 하는 일에서 기쁨을 누리는 방법을 고민하고, 확실하게 즐기는 방법을 연구하자. 이렇게 자신을 리셋하면 더불어 삶의 질도 높아진다.

◆ 하버드 심리센터 감성 코칭

감성지수 수련 방법을 정확하게 견지하자. 은연중에 감화되듯 자기 일상을 지도하며 좋은 것은 자기 습관이 되도록 하자. 감성지수를 높이는 법칙이다.

1. 오늘의 기분을 점수로 평가해보자.
2. 자기 기분에 대한 이유를 찾고 긍정적일 때 이를 극대화하는 방법을 연구하자.
3. 자신에게 자극이 된 한 마디를 찾아보자.

성공의 문은 언제나 열려 있다

누구든지 거절당하면 좌절한다. 비관적이고 실망스러워 상심에 휩싸이고 생활은 무기력해진다. '학습된 무기력' 효과이다. 거듭되는 실패에 '어떻게 노력해도 아무런 쓸모가 없어.'라는 대뇌의 포기 선언이다.

'학습된 무기력Learned helplessness'은 미국의 심리학자 마틴 셀리그만이 1967년에 진행한 연구에서 나온 말이다. 그는 개를 이용하여 고전적인 실험을 진행했다. 맨 처음, 버저가 붙어 있는 우리 안에 개를 가두고 버저가 울리면, 개에게 전기 충격을 가했다. 우리 안에 갇힌 개는 전기 충격을 피하려고 이리저리 뛰어다니며 탈출을 시도했지만 빠져나갈 방법이 없었다. 매번 땅에 쓰러져 신음하며 대소변을 가리지도 못했다. 이런 고통을 여러 번 반복한 후, 셀

리그만은 실험 과정을 바꿨다. 버저가 울린 후 급하게 전기 충격을 가하지 않고 먼저 탈출할 수 있게 우리 문을 열어두었다. 하지만 개들은 도망치지 않고 오히려 전기 충격을 가하기도 전에 땅에 쓰러져 신음하며 떨기 시작했다. 원래 개들은 적극적으로 도망갈 수 있었지만 이전에 느꼈던 절망적인 경험 때문에 도망가는 것을 포기하고 고통을 묵묵히 기다리게 된 것이다.

자신을 바꾸지 못하는 절대적인 원인은 '학습된 무기력' 탓이다. 이미 그들은 여러 차례 도전하고 실패했다. 이제 자기 능력을 의심하며 새로운 시도를 주저한다. 성공을 추구하고 바꾸려던 열정이 깡그리 사라져버린 것이다. 그들은 기존에 있던 모든 제한이 사라져도 자신이 설정한 성공의 높이에서 안주한다. 새로운 목표에 대한 도전은 꿈도 꾸지 않는다.

'학습된 무기력' 효과는 부정심리를 도출한다. 인지결함, 동기수준 저하, 감정 부적응이 바로 그것이다. 자아를 높이는 과정에서 스스로 걸림돌을 놓는 것과 같다. 자기 심리에서 반드시 제거되어야 할 항목이다.

1968년 멕시코 올림픽 100m 달리기에 참여한 미국의 짐 하인스는 첫 번째로 결승점을 통과했다. 기록판에 9.95초라는 기록을 확인한 그는 양손을 펼치고 혼잣말을 했다. 이 장면은 TV로 생중

계되었지만 그에게 마이크가 없어서 무슨 말을 했는지 알 수 없었다. 나중에 데이비드 팔이라는 기자가 하인스를 인터뷰하며 무슨 말을 했는지 물었다.

"'하느님, 저 문은 닫혀 있지 않았군요.'라고 했습니다."

하인스는 보충 설명을 했다.

"오언스가 10.3초의 기록을 세운 후 의학계에서는 근육섬유가 적재할 수 있는 운동은 10초를 넘을 수 없다고 단언했습니다. 제가 전광판에 표시된 9.95초라는 숫자를 봤을 때 굉장히 놀랐고 의학계가 정한 10초라는 한계선은 잠긴 게 아니라 그냥 닫아둔 문이라는 사실을 알게 됐죠."

우리가 마주하는 조건의 한계는 자기 한계이다. 학습된 무기력으로 생성된 자기 한계는 자신의 재능과 기술을 인정하지 않는다. 이런 부정적인 관념의 진정한 위험은 자기에 대한 기대를 스스로 저지하는 데 있다. 그 어떤 것에도 도전하지 않고 갖가지 핑계를 찾는다. 핑계는 심리에서 악랄하게 작동한다. 어떻게든 후퇴하도록 끌어당기는 것이다.

비탈길에 있는 공을 아래로 굴리는 건 힘들지 않다. 공은 내려갈수록 빨라지기까지 한다. 반대로 비탈길 아래에 있는 공을 위로 올리려면 엄청 많은 힘이 필요하다. 우리 인생도 "비탈길을 내려가는 건 쉽고 비탈길을 오르는 것은 어렵다."라는 법칙을 따른다. 어렵다는 이유로 자신을 내버려두어서는 안 된다. 다음과 같은 상황에서 손 쓸 수 없다는 이유로 뒷짐을 져서도 안 된다.

자기 나태함을 내버려둔다

일을 끝낸 뒤 생기는 무력감과 더는 일을 할 수 없는 심리적 권태로움으로 생긴 나태함은 이해할 수 있다. 그것은 일종의 휴식이자 자기 치료다. 하지만 선천적 나태함은 반드시 통제해야 한다. 자신을 퇴화시키고 외부의 적에게 발붙일 틈을 주는 것이다.

자기 약점을 내버려둔다

약점은 누구나 다 가지고 있다. 키가 작은 것처럼 선천적이라 고칠 수 없는 것도 있다. 도박을 좋아하는 것처럼 치명적이지만 교정이 가능한 것도 있다. 반드시 교정해야 하는 것을 묵과하지 마라.

자기 안일함을 내버려둔다

편한 것만 좋아하고 일하기를 싫어하는 것은 사람의 천성이다. “근심을 걱정하는 사람은 부지런해져 살아가게 되고 안일을 추구하는 사람은 게으름을 피워 살아갈 수 없게 된다.”라는 사실을 알아야 한다.

자기 욕망을 내버려둔다

인간의 욕망은 밑 빠진 독으로 영원히 채워지지 않는다. 자신의 욕망을 내버려두면 인생의 목표를 모호하게 만들어서 자기를 늪에 빠뜨린다.

자기 기분을 내버려둔다

자기감정을 내버려두면 다른 사람의 감정에 영향을 받음과 동시에 미덥지 않다는 느낌을 준다. 대인관계에서 불리해지는 것이다.

"자기 자신을 파악해야만 모든 것을 통제할 수 있다. 자신과 싸워서 이겨야만 가장 완벽한 승리다."라는 말이 있다. 이 말의 의미는 에드먼드 힐러리가 증명한다. 그는 최초로 에베레스트를 정복한 사람이다. 눈사태, 탈수, 체온 저하 및 29,000피트 높이의 산소 부족, 또 생리적·심리적 극도의 피로까지 이겨내고 세계에서 가장 높은 산에 올랐다. 그는 "제가 진정으로 정복한 건 산이 아니라 저 자신이었습니다. 제 자신을 통제할 줄 알았기 때문에 잠재력을 발휘할 기회가 생겼고 결국 제 인생을 바꾸었습니다."라고 말했다. 감성지수가 높은 사람이 성공할 수 있는 것은 자신을 통제하는 법을 알기 때문이다.

◆ 하버드 심리센터 감성 코칭

감성지수를 수련하는 목적이 성공을 위해서든 즐거운 삶을 살기 위해서든 어떤 경우에도 관계없다. 실패했던 경험이나 한계에서 빠져나와야 한다. 밀어보지 않고는 문이 잠겨 있는지 열려 있는지 알 수 없다. 자기 한계를 정하지 말고 도전하자. 중도에 포기하지도 말자. 당신의 감성지수가 높아진다.

1. 매일 하루에 하나씩 즐거운 이유를 찾아라.
2. 학습된 두려움이 있는지 자신을 점검하라.
3. 사소한 도전이라도 즐겨보자.

당신이 지탱하고 있는 오늘이 가장 중요한 날이다

저 멀리 위엄 있는 모습의 산과 당신의 거리를 좁힐 수 있는 방법은 무엇인가? 정답은 하나다. 산은 움직일 수 없으므로 당신이 가면 된다. 인간관계에서도 마찬가지다. 다른 사람을 바꿔서 내가 행복해지길 바라는 것은 어불성설이다. 바뀌지 않기 때문에 자신만 더욱 비참해질 뿐이다. 당신이 바꿀 수 있는 것은 오로지 자신뿐이다.

나를 바꾸려면 먼저 자신의 독립성과 독특성을 인정한다. 그것으로 인간관계에서 문제가 생기는 것을 피할 수 있다. 타인과의 거리감이나 차이점을 인지해야 나쁜 감정의 굴레에서 벗어나 문제를 해결할 수 있다. 자신을 바꾸려면 습관적인 사고방식을 바꾸는 것 외에 자신의 관심을 옮기는 것도 좋은 방법이다. 관심이 한곳에 집중되어 있으면 다른 것을 볼 수 없다.

부정적인 감정이 생긴 후 자신을 바꾸려면 의식적으로 다른 일을 찾아야 한다. 관심을 분산할 수 있는 신문 읽기나 낚시 등 평소 좋아하는 일을 하는 것이다. 여기에 더해 스스로 마음을 위로하는 법을 배워야 한다. 일은 이미 발생했고 만회하기 힘들 때는 정신승리법으로 자존감과 자신감을 보호하면 된다. 높은 감성지수를 지닌 여우의 우화에서 한 수 배워보자.

가뭄의 계절이 오자 목마른 여우 세 마리가 혀를 빼물고 물을 찾고 있었다. 마침내 그들은 포도가 잔뜩 매달려 있는 포도나무 시렁을 발견했다. 여우들은 망설임 없이 포도를 먹기 위해 폴짝폴짝 뛰어올랐다. 하지만 아무리 노력해도 포도 한 알 잡을 수 없었고 오히려 목이 더 탔다. 첫 번째 여우는 자신이 아무리 노력해도 높이 달려 있는 포도를 먹지 못한다는 사실을 깨닫고 자신을 위로하며 말했다.

"이렇게 많은 포도를 아무도 따먹지 않았다면 분명 시큼해서일 거야. 난 안 먹을래!"

그는 아무 일도 없었다는 것처럼 가벼운 마음으로 가버렸다. 운 좋게 얼마 지나지 않아 물을 발견했다.

두 번째 여우는 언짢은 상태로 미친 듯이 포도나무 시렁을 긁고 또 미친 듯이 한 번 내달렸다. 한 번 또 한 번 뛰다가 끝내 포도나무 시렁 아래서 지쳐 죽어버렸다.

세 번째 여우는 포도나무 아래에서 끊임없이 욕을 해댔다. 그런데 욕을 하다 보니 더욱 화가 솟구쳐서 분노의 불길에 휩싸였다. 결국 여우는 분노와 자기 욕하는 소리에 도취돼 주인이 몽둥이를 들고 다가온다는 사실도 알지 못했다. 결국 몽둥이에 맞아 죽었다.

세 마리의 여우 중 첫 번째 여우의 감성지수가 가장 높다. 자신을 일깨워서 외부의 다른 것과 힘겨루기를 하지 않고 '좌절'이라는 감정이 일어나기 전에 떠난 것이다. 그래서 살아남았다. 포도나무를 자신의 힘으로는 바꿀 수 없다는 사실을 깨닫자마자 미련을 버린 것이다.

이런 에이겐은 테레사 수녀와 30년 이상 함께해왔다. 그녀가 쓴 책에서 '삶'을 대하는 테레사 수녀의 신념을 엿볼 수 있다.

나는 미사를 끝내고 테레사 수녀님과 함께 인간 세상의 수많은 고통과 불행을 이야기했다. 그녀가 내게 말했다.

"사실 세상은 고통으로 가득 차 있지만, 그것을 하늘이 준 선물이라고 생각한다면 우리 주변에는 비관은 줄어들고 행복은 커질 겁니다."

얼마 후 나는 테레사 수녀님과 뉴욕에 가야 했다. 그런데 비행기가 이륙하기 전 고장이 나서 멈추고 말았다. 나는 실망했다.

"수녀님, 오늘 우리는 선물을 받았네요. 이곳에서 4시간을 기다려야 할 것 같은데 계획대로 제시간에 수도원에 돌아갈 수 없겠지요?"

테레사 수녀님은 조용히 미소지었다. 그리고 책 한 권을 꺼내 읽기 시작했다. 그날 이후로 나는 속상함이 나를 엄습하려고 할 때마다 이런 말로 표현했다.

"오늘 우리는 하나의 선물을 받았는데 이건 정말로 특별하고 큰 선물이구나."

이 말은 정말로 신기한 효과가 있었다. 풀릴 것 같지 않은 기분이 탁 트이면서 이유를 알 수 없었던 번뇌도 완전히 사라져버렸다. 미소조차도 말하는 사이에 조용히 뺨을 타고 올라왔다.

내일 어떤 일이 발생할지 누구도 알지 못한다. 이글거리는 태양이 내리쬐다 갑자기 폭우로 바뀌고 기온이 떨어질 수도 있다. 따뜻한 봄날에 갑자기 눈이 내릴 수도 있다. 매일 출근하던 길이 통행금지가 될 수도 있다. 어쩌면 자주 타던 버스 노선이 바뀔 수도 있다. 우리는 내일을 알 수 없고 어제를 바꿀 수도 없다. 우리가 할 수 있는 건 착실하게 오늘을 사는 것뿐이다.

미국에서 위대한 대통령으로 손꼽히는 프랭클린에게 어떤 사람이 성공의 비결을 물었다. 그는 "오늘의 일은 오늘 다 끝냈고 내일로 미루지 않습니다."라고 말했다. 오늘의 일을 내일 하려는 것은 하루를 낭비하는 것이다. 시간은 금이지만, 금으로 시간을 살 수는 없다. 1초의 시간을 소중히 여길 때 부를 움켜쥘 수 있다.

당신이 움켜쥘 수 있는 건 오늘뿐인데 많은 사람은 내일로 미루는 걸 더 좋아한다. 어떤 사람은 날씨가 좋을 때 이불을 널어야겠다고 말한다. 막상 날씨가 맑은 날이면 "이불은 내일 말리고 오늘은 날이 좋으니 나들이를 가야겠어."라고 말한다. 그렇게 계속 미루다 장마를 맞이하게 된다. 하려고 마음먹었으면서 왜 바로 착수하지 않는가. 마음을 다해 오늘을 껴안으면 시간을 더 잘 통제할 수 있다. 일이 자기 통제범위 내에 있을 때 잘 처리할 수 있다. 온 마음을 다해 오늘을 껴안으면 어제의 불쾌함을 잊는다.

어떤 여행자가 길을 잃었다. 어떻게 해야 할지 몰라 초조해하고 있을 때 지나가던 행인이 길을 가르쳐주었다. 두 사람은 이야기를 시작했다.

"제가 걸어온 길을 뒤돌아보니 매우 바르고 좋았습니다. 앞으로 걸어야 할 저 먼 길도 살펴보니 아주 평탄해보입니다. 그런데 오늘 걷고 있는 이 길은 너무 험하고 불편해 좋지가 않습니다."

여행자는 지금 걷고 있는 길이 너무 좋지 않아서 계속 넘어지고 길을 잃었다고 불평했다. 길을 가르쳐준 사람이 말했다.

"이 길의 처음과 끝은 근본적으로 차이가 없습니다. 그러나 당신은 잘 걸어갈 수 없을 것입니다."

여행자가 이유를 물었다.

"당신은 지나온 길과 앞에 펼쳐진 길만 보기 때문입니다. 자신의 발아래 걷고 있는 길은 제대로 보지 않고 있습니다. 지금 발아래 이 길을 망각하고 살피지 않는다면 대로가 아무리 곧게 뻗어있다 해도 당신은 반드시 넘어지고 길을 잃을 겁니다."

여행자는 크게 깨달았다. 자신이 줄곧 지나온 과거의 발자국과 앞으로 가야 할 미래에만 끌려서 지금 현재 걷고 있는 길의 중요성을 몰랐던 것이다. 미래의 광명과 과거의 찬란함은 모두 현실성이 떨어진다. 모든 사람은 자기 인생에 책임을 져야 한다. 책임은 과거와 미래에서 소재를 발굴하는 것이 아니다. 현 시점에서 시작하여 매일 각각의 세부 사항을 중시할 때 가능하다. 그 누구도 과거와 미래를 위해 살아갈 의무와 책임은 없다. 우리는 현재의 삶을 살아야 한다. 이것이 미래와 과거를 위한 가장 현명한 투자이다.

어제의 불쾌함은 잊어라. 내일을 기대하며 들뜨지 마라. 우리는 온 마음으로 오늘을 지탱해야 한다. 오늘을 통제하면 내일의 기회가 생기고 하루가 즐겁다. 더불어 삶에 대한 만족감도 높아진다.

◆ 하버드 심리센터 감성 코칭

이미 가버린 과거를 뒤쫓거나 오지 않은 미래를 갈구하지 마라. 어제나 내일을 위한답시고, 오늘을 소비한다면 그 삶은 처량할 뿐이다. 그저 오늘 해야 할 일을 하면 된다. 한치의 게으름도 없이 그리고 후회도 없이.

1. 자기 전에 오늘 한 일을 되짚어보자.
2. 오늘 후회되는 일이 있다면 내일 그 일을 반복하지 말자.
3. 미래의 찬란한 영광은 오늘에서 시작된다는 사실을 기억하자.

역경 속에도
신의 선물이 들어있다

쉰이 넘은 한 회사원이 상사에게 미움을 사, 집에서 먼 교외로 발령을 받았다. 그는 매일 한 시간 이상씩 자전거를 타고 근무지에 가야 했다. 날이 맑을 땐 괜찮았지만 바람이 불거나 비가 올 때는 힘이 들었다. 그는 괴로워하며 세상은 불공평하다고 투덜댔다. 상사가 공적인 일을 사적인 일로 울분을 풀었다며 상사를 미워했다.

어느 날 아침 평소처럼 불만스러운 표정으로 자전거를 타고 출근하던 그는 고개를 돌려 길가 풍경을 보았다. 전원의 경치가 참으로 아름다웠다. 숨을 다시 들이마셔 보니 도시보다 훨씬 공기가 맑았다. 도시에선 듣지 못했던 새소리도 들렸다. 순간 기분이 좋아지기 시작했다.

'이렇게 지내는 것도 괜찮은걸. 매일 헬스장에 가지 않아도 건강

관리를 할 수 있잖아. 업무 환경도 예전보다 훨씬 건강에 유익하고 말이야. 더군다나 상사가 나를 이곳으로 보낸 건 내가 괴로워하길 바라서잖아. 그런데 내가 왜 그의 소원대로 괴로워해야 하지? 더욱 즐겁게 일을 하고 살아가면 돼.'

이렇게 생각하자 마음속 우울함이 곧장 사라졌다. 이후 출근길이 훨씬 더 가까워졌다. 그는 더욱 활기차고 유쾌하게 업무에 임했다.

그가 사용한 것은 심리학의 '역방향 심리 조절법'으로 같은 문제를 다른 각도로 보는 법이다. 그 열쇠는 유리한 면을 사유 방향에 두는 것이다. 바꿔 말하면 당신이 곤경이나 역경에 빠져 있을 때 긍정적으로 생각하면 된다. 불리함 속에서도 긍정적인 요소를 찾으면 부정적인 심리와 싸워서 이길 수 있다. 사람들은 역경에 빠져 있을 때 괴로움에 집중한 나머지 긍정적 요소를 간과한다. 현실을 똑바로 보고 유리한 면을 발견한다면 심리에서 양성 변화가 일어난다. 고통을 유쾌함으로 바꾸고 역경에서 벗어날 수 있게 된다.

전방은 절벽이고 희망은 길모퉁이에 있다. 당신이 괴로움을 느낄 때 사고방식을 바꿔서 좋은 면을 발견하면 감정을 스스로 제어할 수 있다. 예를 들어 경제 위기로 해고되었다면 생계 걱정에 잃어버린 밥그릇을 원망할 수 있다. 반면에 새로운 직업과 사업을 시작할 기회로도 볼 수 있다.

삶에서 역경은 피할 수 없다. 차라리 역방향 심리 조절법으로 자기 심리를 조절하는 것이 현실적이다. 가능하다면 역경을 하늘의 선물로 여겨라. 당신의 장점으로 역경과 싸워서 충분히 이길 수 있다.

뭄바이의 불학원은 인도에서 가장 유명한 불교학원 중 하나이다. 유구한 역사와 찬란한 건축물을 자랑하며 수많은 학자를 배출해내기로 이름나 있다. 그 불학원 정문 옆에는 쪽문 하나가 있다. 이 쪽문은 높이 1m 50cm, 넓이 40cm로 성인이 지나가려면 반드시 허리를 숙이고 몸을 옆으로 틀어야만 벽에 부딪히지 않고 지나갈 수 있다. 이 문을 지나는 것이 뭄바이 불학원 학생의 첫 수업이다. 모든 신입생은 이 쪽문을 지나가야 한다. 허리를 숙이고 몸을 옆으로 틀어서 출입한다. 체면과 스타일이 구겨지긴 해도 어쨌든 통과는 할 수 있다.

큰 대문은 출입하기 편하고 체면과 스타일을 구기지 않고도 출입할 수 있다. 하지만 사람들이 출입해야 하는 문은 웅장한 대문이 아닌 쪽문이다. 쪽문을 통과하며 허리를 숙이고 몸을 트는 법을 알기 위함이다. 존귀함과 체면을 내려놓아야 한다. 불가의 철학이 담긴 쪽문 통행이다. 삶의 철학도 마찬가지다. 성공으로 향하는 길에 넓고 활짝 열린 대문은 없다. 허리를 숙이고 몸을 틀어야만 들어갈 수 있다.

바람이 불면 잔풀은 쉽게 고개를 숙인다. 고목은 높고 웅대하게 솟아 움직이지 않는다. 한차례 광풍이 불면 큰 나무는 뿌리째로 뽑히지만 바람 앞에서 허리를 숙이는 잡풀은 아무리 거센 바람에도 뽑히지 않는다. 사람도 마찬가지다. 칼처럼 예리함이 필요하지만 버들가지처럼 유연함도 필요하다. 아무리 강직하다 해도 끊어지면 쓸모가 없다. 부드러움 속에 강함이 있고, 강함 속에 부드러움이 있어야만 자유자재로 살아갈 수 있다.

역방향 심리 조절법을 되새겨라. 불운에도 긍정적 요소를 찾아 때론 굽혀보자. 굽힐 줄 아는 사람이 강한 사람보다 살아가는 데 유연하다.

◆ 하버드 심리센터 감성 코칭

실패와 좌절은 교훈을 준다. 성공을 얻기 위한 조건을 창조해내도록 한다. 현실은 잔혹하다. 그 잔혹함의 이면은 빛나고 아름답다. 역방향 심리 조절법을 활용하라. 역경도 인생의 전환점이 될 것이다. 실패의 강철판에서 끊임없이 단련돼야만 철의 품질이 높아진다.

1. 실패가 예상되어 두려워하고 있는 것들을 적어보자.
2. 역방향 심리 조절법으로 실패의 긍정적 발전 방향을 찾아보자.
3. 자신이 굽혀야 할 시점과 상황들을 점검해보자.

생각도 가지치기가 필요하다

우리는 매일 여러 가지 정보의 홍수 속에서 살아가고 있다. 초기의 정보에는 유익한 정보와 백해무익한 정보가 뒤섞여 있다. 선택과 집중을 통해 이로운 정보는 취하고 나쁜 정보는 지워버려야 한다. 탁한 물을 맑게 하려면 탁한 물질이 가라앉도록 차분하게 기다려야 한다.

평온함 속에서 정신세계에 있는 생각 찌꺼기를 버려야 한다. 평온함이 가져온 안정감으로 자기 생각과 행동을 보다 공정하게 평가할 수 있다. 정신세계의 고요함은 생각을 여과한다. 이때 가라앉히는 건 수행과 반성의 과정이다. 조용한 상태에서 생각과 행동을 진지하게 반성하고 불리한 영향을 주는 요소를 제거해야 한다. 그러면 자기 행동에 방향이 잡힌다.

평소 어느 곳에서나 사람들의 환영을 받지 못하는 이가 있었다. 모두 그를 나쁜 사람이라고 생각했다. 하지만 자신은 단 한 번도 그렇게 생각해본 적이 없다. 그저 사람들이 과도하게 자신에게 감정을 해소하고 있다고 생각했다. 그는 스스로에게 물었다. '나는 정말 마음이 나쁜 사람인가?'

검증을 위해 그는 옥황상제에게 도움을 청하기로 했다. 전지전능한 옥황상제가 자신이 나쁜지 아닌지 답을 줄 것이라고 믿었다. 옥황상제는 빙그레 웃으며 말했다.

"냉정하게 자신을 보거라. 돌아가서 조용히 생각해보면 매우 빠르게 답을 얻을 수 있을 것이다."

모든 사람은 생각과 염두念頭를 갖는다. 영혼의 쓰레기는 염두이자 사상이다. 원한, 증오, 탐욕, 짜증, 분노는 그 표현이다. 잡념, 욕망, 악랄함은 영혼과 삶을 가두는 주요소다. 이들은 삶의 모든 측면에서 모습을 드러낸다. 자신이 추구하는 것과 욕망이 충돌할 때 자주 출현한다.

금욕하는 고승이 수행할 준비를 했다. 옷이 한 벌만 있는 그는 옷을 빨아입기 위해 산 아래의 마을에서 천 하나를 빌려왔다. 그런데 그날 밤 쥐가 출몰하여 자신의 옷을 갉아버렸다. 고승은 옷은 지켜야 하고 살생계는 저지르고 싶지 않아서 하산하여 마을에서 고양이를 빌려왔다. 고양이는 쥐를 놀라게 하기만 하고 잡아먹지는 않았다. 고양이는 산에서 먹을 것이 없었다. 그는 또 하산하여 민간에서 젖소를 빌려와 고양이에게 우유를 주었다. 이제는 젖소를 키울 사람이 필요했다. 그는 수행 때문에 시간이 없었으므로 또 하산하여 도와줄 떠돌이를 데리고 오는 수밖에 없었다. 떠돌이는 고생에 익숙지 않았고 수행도 몰라서, 고승은 떠돌이에게 아내를 찾아주어야 했다.

고승은 끊임없이 자신의 수행을 위해 무언가를 보충하면서 끝도 없는 요구에 빠졌다. 정작 수행은 시작도 하지 못했다. 그가 진정으로 부처를 구할 마음이었다면 조용히 산중에서 수행하며 앉아 있었을 것이다.

욕망은 연쇄작용을 일으킨다. 하나가 나오면 이어서 또 하나가 나오는 식이다. 욕망을 즉시 제거하지 않으면 사람의 마음은 영원히 팽창해나가서 평정을 찾기 힘들어진다. 반면 감성지수가 높은 사람은 즉시 진정할 줄 안다. 욕망을 내던지고 삶의 최종 목표가 무엇인지, 삶의 본질이 무엇인지, 가장 즐겁고 가장 행복한 것은 무엇인지 생각한다. 그들은 마음이 고요한 사람으로 자기 욕망을 조절할 줄 안다.

삶의 부담은 피곤함을 부과하고 마음의 부담은 평생 사람을 다치게 한다. 득실을 따지는 마음과 욕망을 향한 집념은 마음속 쓰레기 물질이다. 이것을 비우지 않으면 사회생활과 정신건강에 심각한 타격을 입는다. 소란스러운 사회에서 벗어나 적막함 속에서 자신에게 반성의 기회를 주자. 욕망에 치우친 상념을 버리도록 하자. 마음의 잡물을 배제해야 삶이 만족스러워진다.

◆ **하버드 심리센터 감성 코칭**

마음을 비워라. 온갖 생각이 마음을 채우면 혼란스럽기만 할 뿐이다. 유익이 되지 않으면서 이로움과 발전적 생각이 들어가지 못한다. 잡스러운 생각의 가지 뻗기는 삶에 악영향을 준다.

1. 자기 마음에 있는 복잡한 생각들을 모두 적어보자.
2. 생각의 분야를 나누고 그것들을 정리해보자. 뇌 지도를 그려도 좋다.
3. 평온한 상태에서 버려야 할 생각이나 잡념들에 X표 하자.

마음의 짐을 내려놓고 더 멀리 가자

빈 컵의 마음가짐이란 마음속의 컵을 비우는 것이다. 컵에 더는 채울 수 없을 만큼 물이 있다면 컵을 비워야 한다. 그래야만 새로운 물을 받을 수 있다. 이전의 영광과 실패는 철저하게 비워내고 새로운 자아로 새로운 미래를 맞이해야 한다.

빈 컵은 우리에게 어떤 것을 가져다주는가?

- ◆직장의 황금 열쇠를 쥐어준다. 회사는 직원의 사용가치만을 지불한다. 자신을 비우고 홀가분한 마음으로 업무에 전념하면 더 많은 사용가치를 드러낼 수 있다!
- ◆정확하게 자신과 세상을 인지하고 발전을 방해하는 요소와 작별하게 한다.

◆최대 잠재력을 끓어오르게 한다. 빈 컵의 마음가짐은 산 아래에서 정상을 우러러보게 하고 성장하도록 몰아붙인다. 혁신과 개조를 거쳐 결국에는 무한한 생명의 잠재능력을 끌어내고 삶의 기적을 창조한다.

◆걸출한 혁신자가 되게 한다. 빈 컵의 마음가짐은 더욱 노력해서 일하게 한다. 이른바 정설定說이라는 제약에서 벗어나 혁신을 위한 심리적 지원을 제공한다.

◆사업과 삶의 영역을 강화한다. 삶은 성대한 연회이다. 좋은 음식이 계속 나온다는 말이다. 당신이 그리워하는 맛있는 음식을 잊어야 더욱 많은 요리를 맛본다. 비워야 따질 것이 적어지고 가슴과 시야가 넓어져서 인생의 범위 또한 넓어진다.

◆끊임없이 초월해서 항상 일류를 창조하게 한다. 최고가 되려면 순간의 성공에 만족해선 안 된다. 시대의 요구에 순응하고 과감하게 도전해야 한다. 이 모든 것은 빈 컵의 마음가짐이 전제되어야 한다.

빈 컵의 마음가짐에는 몇 가지 단계가 있다. 철저하게 빈 컵이 있고 반 컵도 있으며, 넘치지 않을 정도의 가득한 컵도 있다. 컵에 따라 다른 효과가 발생한다. 비워진 정도가 깊을수록 가져오는 장점도 많다. 비워진 정도가 낮으면 얻는 것도 적다. 빈 컵의 마음가짐이 되려면 다음 몇 가지를 살펴보자.

개방: 양팔을 벌려야 세상을 안을 수 있다

아래 세 사람 중 누가 가장 행복한 세상을 가져올 것 같은가?

A의 상황 미신, 무병과 점복을 믿는다. 사생활이 복잡하다. 두 명의 내연녀가 있고 장기간 흡연과 음주를 하고 있다.

B의 상황 매일 낮 12시 전에 일어나지 못한다. 회사에서 두 번이나 해고된 적이 있다. 대학 때 아편에 손댄 적이 있다. 습관적으로 저녁에 독한 술을 많이 마신다.

C의 상황 나라의 전쟁 영웅이었다. 채소를 먹고 흡연하지 않는다. 술을 마시긴 해도 적게 마시고 범법 행위와 위법 행위를 한 기록이 없다.

A는 프랭클린 루스벨트, B는 윈스턴 처칠, C는 아돌프 히틀러다.

단편적인 정보와 정형화된 사고에 영향을 받으면 그릇된 결론을 얻을 수 있다. 커튼을 걷어야만 햇빛이 실내로 쏟아진다. 다음은 사고를 개방하는 방법이다.

◆선입견에서 벗어나 객관적으로 상황을 대해야 한다.

◆유명한 작가 밀란 쿤데라의 "인생은 가능성으로 가득 찬 나무다."라는 말을 명심하자.

◆'분명'과 '절대' 등의 단어가 나타날 때 완전히 반대의 가능성이 있는지를 생각하자.

내려놓기: 크게 벗어나야 크게 초월한다

홀가분한 행장은 장거리 행군에 유리하다. 발전을 방해하는 물건은 모두 버려야 한다. 앞으로 나아가려면 무조건 내려놓아야 한다. 내려놓기란 지위, 금전, 체면 원한 등을 포함하여 우리의 발전을 제한하고 걸림돌이 되는 무거운 짐을 말한다. 내려놓기는 어느 정도 고통을 수반한다. 버려야 할 것의 우선순위는 당신이 가장 포기하기 어려운 것이 먼저다. 돈이나 권리는 내려놓기에 있어서 용감함이 요구된다. 그러나 강대한 마음을 가진 사람은 내려놓지 못할 것이 없다.

미국의 조지 워싱턴은 권리와 후광을 단호히 내려놓았다. 이로써 미국 대통령은 두 번 연임하지 못하는 전통을 유지하는 민주정치를 정착시켰다. 남아프리카 공화국 최초의 흑인 지도자이자 노벨 평화상 수상자 넬슨 만델라는 민족의 평등을 추구했다. 흑인들에게 마땅히 있어야 할 권리를 쟁취하기 위해 27년간 수감되기도 했다. 그는 출소하던 날 "제가 감방에서 걸어 나오는 순간 저는 슬픔과 원한을 뒤로하고 떠났습니다."라고 말했다. '뒤로하다'는 바로 내려놓기다. 이제부터 지나간 고통으로 눈물 흘리지 말자. 불공평한 대우를 원망하지 말자. 차라리 새로운 꿈을 꾸자.

◆ 하버드 심리센터 감성 코칭

매일 새로운 시작이다. 희망과 자신감을 품고 배우는 마음가짐으로 맞이하자. 감성지수 수련은 자아의 초월이다. 마음가짐을 '0'으로 돌리는 일이다. 새로 거듭나는 과정은 봉황이 뜨거운 불에서 분신하는 것처럼 힘겹다. 하지만 진정으로 자아를 초월하려는 사람에겐 가장 기대되는 가치이다.

1. 자신에게 주고 싶은 희망의 메시지를 적어보자.
2. 자신이 내려놓아야 할 것들에 미련을 두지 말자.
3. 사고를 개방해서 새로 받아들이고 싶은 것들에 적극적인 관심을 쏟자.

즐거움을 선택하라

삶은 선택으로 만들어진다. 감정 역시 마찬가지다. 당신은 긍정적인 기분을 선택할 수 있다. 물론 부정적인 기분을 선택할 수도 있다. 다만 전자는 행복과 즐거움을 가져다주고 후자는 의기소침하게 만든다. 어느 쪽이든 하나를 선택하는 건 또 다른 걸 포기한다는 의미이다.

조지는 사랑이 넘치는 친구다. 그는 다른 사람에게 기운을 주는 유전자를 타고난 듯했다. 업무가 마음대로 되지 않는다고 불평하는 직원이 있으면 조지는 어떻게 하면 긍정적인 면을 볼 수 있는지 알려준다. 항상 기분이 좋은 비결을 묻는 직원들에게 그는 "매일 아침 깨어난 후 제 자신에게 '조지, 오늘은 두 가지 선택을 할 수 있어. 좋은 기분을 선택할 수 있고, 나쁜 기분을 선택할 수 있어.'라고 묻지요. 저는 좋은 기분을 선택해요. 매번 기쁘지 않은 일이 발생했을 때 저는 희생물이 되거나 거기에서 교훈을 얻는 걸 선택할 권리가 있거든요. 저는 후자를 선택합니다. 또 누군가가 제게 괴로움을 하소연하면 저는 그들의 원망에 맞장구를 쳐줄 수도 있고, 삶의 긍정적인 면을 가르쳐줄 수도 있죠. 이때는 후자를 선택합니다."라고 말했다.

대답을 들은 사람은 즉각 반론했다. 장기간 그 생각을 유지할 수 없다는 것이다.

"사실 아주 쉽습니다. 일단 삶은 선택으로 가득해요. 쓸데없는 것들을 제거한 모든 정황이 선택입니다. 일상생활에서 여러 상황을 마주했을 때 어떻게 대처할지, 다른 사람이 당신의 감정에 영향을 어떻게 미치도록 할지, 당신의 기분은 유쾌한지 아닌지 등은 모두 스스로 결정하는 겁니다. 간단하게 말해서 어떻게 살 것인지는 여러분이 주관하는 거지요."

이런 조지도 돌발 상황은 피할 수 없었다. 몇 년 후 그는 18m 높이의 통신 탑에서 떨어지는 사고를 당했다. 18시간의 수술을 끝내고 몇 주간 정신 치료를 받았다. 퇴원 후에도 그는 여전히 등에 금속 지지대를 받쳐야 했다. 사고가 발생한 지 6개월 후 우연히 만난 친구가 근황을 물어왔다.

"난 매우 잘 지내. 내 흉터 좀 볼래?"

친구는 거절하고 대신 사고에 대해 어떻게 생각하는지 물었다.

"제일 먼저 생각났던 건 곧 태어날 딸이었어. 땅에 떨어졌을 때 살지 죽을지 선택할 수 있다는 생각이 들더라. 난 살기로 했어."

"두렵지 않았어? 그때 의식이 있었던 거야?"

"간호사들은 정말 위대하더라. 그들은 계속 나에게 좋아질 거라고 말했어. 하지만 수술실에 들어갈 때 의사와 간호사들의 표정을 보고는 확실히 두려워졌어. 그들이 눈으로 계속 '이 사람은 틀림없이 죽을 거야.'라고 말하고 있었거든. 그 순간 나는 움직여야 한다는 걸 깨달았어."

"어떻게 했는데?"

"간호사가 큰 소리로 내게 질문을 했었어. 내게 무슨 알레르기가 있는지 묻기에 나는 '있어요.'라고 대답했어. 의사와 간호사는 내 대답을 기다렸어. 나는 심호흡을 하고 '중력알레르기로 그만 떨어졌어요.'라고 크게 소리쳤지. 그들이 웃더라고. 난 그들에게 말했어. '저는 사는 걸 선택했어요. 당신들은 죽은 사람을 살린 의사가 되겠네요.'"

그렇게 조지는 살아났다. 뛰어난 의료진 덕분이기도 하고 그의 놀라운 태도 덕분이기도 했다. 우리는 그를 통해 "삶은 선택으로 가득하고 선택하는 건 자기 몫이다."라는 진리를 배웠다.

낙관과 비관은 천성이지만 그 천성도 바꿀 수 있다. 불행한 일을 당했을 때 당신은 피할 것인가 아니면 마주할 것인가? 곤란한 상황이 생기면 당신은 뒷걸음칠 것인가 아니면 마주할 것인가? 고난이 엄습하면 비관적으로 한숨을 쉴 것인가 아니면 미소를 지으며 마주할 것인가? 생명이 위독해졌을 때 가만히 앉아서 죽기를 기다릴 것인가 아니면 적극적으로 살려고 할 것인가? 삶은 개개의 선택들로 만들어진다. 그것들은 온전히 당신의 선택에 달렸다.

◆ 하버드 심리센터 감성 코칭

어려운 환경을 극복할 때 인생의 '비탈길 오르막' 과정이라고 믿어라. 한나절 힘들여 오르막에 올랐는데 제대로 서 있지 않으면 순식간에 미끄러져 내려간다. 그것이 인생이다. 올라갈지, 내려갈지, 만족해야 할지, 불만족에 화를 내야 할지, 이 정도에 감사해야 할지, 아직 거머쥐지 못한 것에 아쉬워해야 할지는 당신이 선택해야 한다. 당신 삶을 위해!

1. 자신이 행복한 이유를 모두 적어라.
2. 매일 아침 유쾌한 기분을 유지할 수 있는 노래를 선곡하라.
3. 당신을 미소짓게 하는 사람들에게 고마움을 표현하라.

궁핍과 곤란에 처한 때야말로 친구를 시험하기 가장 좋은 기회이다.
어떠한 때에도 곁에 있어 주는 것이 참된 친구이다.

솔로몬 왕

사랑은 떨리는 행복이다.
이별의 시간이 될 때까지는 사랑은 그 깊이를 알지 못한다.

칼릴 지브란